생각보다 가까운 아프리카

청소년에게 전하는 아프리카 이야기

생각보다 가까운 아프리카

이정화 지음

행성B

새삼스러운 말이지만, 아프리카는 나라 이름이 아닙니다. 54(혹은 55)개 국민 국가가 옹기종기 모여 있는 거대한 대륙의 이름입니다. 미국과 중국 그리고 인도와 그린란드 및 유럽 전체의 지도를 아프리카 지도 안에 전부 집어넣어도 공간이 남을 만큼 광활한 대륙입니다. 20세기 최고의 소설가로 알려진 조지프 콘래드에 의해 소위 "암흑의 핵심"이라 알려진 콩고라는 나라 하나만 해도 영국과 프랑스 및 독일과 벨기에 등을 모두 합한 서유럽보다 훨씬 큽니다.

아프리카를 둘러싼 또 하나의 상투적인 오해가 있습니다. 아프리카는 문명이 없는 야만의 땅이라는 것입니다. 키플링이 인도를 호랑이가 지배하는 정글로 보았듯, 많은 이가 아프리카를 타잔이 지배해야 마땅한 동물의 왕국으로 상상합니다. 그러나 현생 인류와 같은 최초의 인류가 탄생한 곳도 아프리카이고, 현대 공학으로도 설명하기 쉽지 않은 기자의 피라미드와 스핑크스 같은 거석 문명을 건설한 사람들도 아프리카인입니다.

《생각보다 가까운 아프리카》는 아프리카를 둘러싼 여러 가지 오해를 따뜻하고 친절하게 불식시켜 주는 든든한 안내서입니다. 미지의 아프리카 대륙을 종횡으로 누비며 호기심 어린 발과 뜨거운 가슴으로 써 내려간, 우리 시대 유목적 글쓰기의 모범을 보여 주는 책입니다. 모쪼록 독자 여러분께서도 이 책의 저자가 안내하는 길을 따라 걸으며 아프리카가 나지막이 건네는 안부를 열린 가슴으로 맞이하시길 기원합니다.

이석호 (사)아프리카문화연구소장 및 카이스트 연구 교수

큰 세계를 만나다

2015년, 저는 한국 국제 협력단의 가나 사무소에 인턴으로 파견되었습니다. 한국 국제 협력단은 대한민국의 국제 개발 사업을 주관하는 외교부 산하 기관입니다. 영어 약자로 코이카KOICA라고도 불리죠.

그렇게 서아프리카 가나로 발을 옮긴 후 저는 가나의 구석구석을 여행하게 되었고 점차 여행에 대한 자신감이 생겼습니다. 그리고 서아프리카 11개국(토고, 베냉, 가나, 상투메 프린시페, 코트디부아르, 말리, 세네갈, 감비아, 모리타니, 서사하라, 모로코)을 여행하고 돌아왔습니다. 이 경험은 저의 운명을 특수 지역 전문 여행사의 아프리카 상품 관리 책임자로, 아프리카 여행 인솔자로 이끌었습니다. 동남부 아프리카 여행 상품을 통해 케냐, 탄자니아, 잠비아, 짐바브웨, 보츠와나, 나미비아, 남아프리카 공화국 등 7개국을 수없이 다니면서 저는 아프리카에 푹 빠져들었고 '덕'(취미)과 업이 일치된 행복한 직업인으로 살았습니다.

그러는 동안 이런 고민을 자주 했습니다. 함께 여행하는 사람들에게 아프리카를 좀 더 정확하게, 매력 있게 전달할 방법이 없을까? 이 커다란 대륙에 대한 지적 갈망을 어떻게 채울 수 있을까? 제가 생각해 낸 방법은 책을 활용하는 것이었습니다.

그렇게 읽기 시작한 책들에 대한 기록이 6년여 동안 300개 가까이 쌓였습니다. 그리고 아프리카 대륙을 알아가는 재미에 푹 빠진 저는 지금 석·박사 과정으로 아프리카 지역학을 공부 중입니다.

이 책에는 제가 그렇게 발로, 책으로, 마음으로 만난 아프리카 이야기를 담았습니다. 이 책을 읽을 독자분 중에는 아프리카를 '가난하고 폭력이 만연한 곳'이라 생각하는 분들이 있을 거예요. 혹은 그와 반대로 '때 묻지 않은 순수한 사람들이 가득한 곳' '잘 보존된 대자연 그 자체인 곳'으로 상상하는 분들도 있을 거예요. 저 또한 아프리카를 만나기 전에는 그랬습니다.

그랬던 제가 아프리카에 푹 빠져든 이유는 아프리카가 제가 몰랐던 엄청나게 큰 세계를 만나게 해 주었기 때문입니다. 또 그곳을 자신의 삶이라는 무대에서 탐험하는 사람들은 대부분 열정에 가득 차 있었기 때문이기도 합니다.

이 책이 아프리카를 이미 잘 아는 분들께는 제가 또 한 분의 스승을 만날 수 있는 고리가 되었으면 합니다. 그리고 아직 아프리카가 생소한 분들께는 이 책이 자신의 세상을 넓히는 계기가 되었으면 하는 바람입니다.

이렇게 인연이 된 것을 반갑게 생각합니다.

차례

튀니지

모로코

알제리

서사하라

카보베르데

모리타니

말리

니제르

세네갈

감비아

기니비사우

기니

부르키나파소

나이지리아

시에라리온

가나

코트디부아르

라이베리아

카메룬

토고

베냉

상투메 프린시페

적도 기니

가봉

콩고 공화국

대서양

앙골라

나미비아

이집트

리비아

차드
에리트레아
지부티

수단

남수단

에티오피아

중앙 아프리카 공화국

소말리아

우간다   케냐

르완다

콩고 민주 공화국

세이셸

부룬디

탄자니아

말라위
코모로

잠비아   모잠비크

짐바브웨

마다가스카르

보츠와나

모리셔스

에스와티니

레소토

인도양

남아프리카 공화국

1부

아프리카,
어디까지 알고 있니?

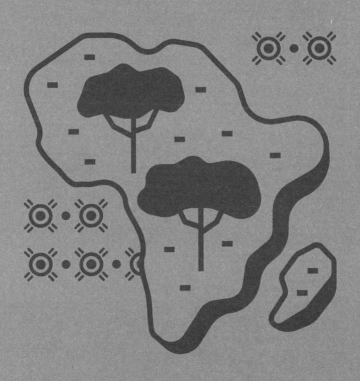

1
이토록 커다란 대륙

서사하라, 환대의 기억

저는 서사하라라는 아프리카 지역을 여행한 적이 있어요. 이 지역은 대부분 사막으로 이루어져 있습니다. 낭만적인 사막 말고, 정말 '황량한 땅'으로서의 사막이지요.

2016년에 서아프리카를 여행하면서 모리타니에서 모로코로 넘어가는 길에 이 지역을 지나게 되었습니다. 차를 타고 모리타니 국경을 넘어 서사하라의 다클라로 가고 있었지요. 국경에서 입·출국 수속을 하느라 잠깐 내렸는데 한참을 대기해도 차는 왜인지 다시 나타나지 않았습니다. 저는 곧 서사하라 사막 한가운데에 버려졌다는 것을 깨달았어요! 지금도 그 이유를 모르겠어요. 차가 고장 나 더 작은 차로 옮겨 타야 했는데, 자리가 비좁으니 동양 청년 하나를 내버려 두고 간 것이 아닌가 추측만 할 뿐입니다.

사막에 버려진 저는 어쩔 줄 몰라 모래바람에 대고 목적지인 "다클라, 다클라!"만 외쳐 댔지요. 그런 저에게 구원의 손길이 나타났습니다. 화물차 기사 아미드였어요. 낯선 사람의 차에 무작정 올라타도 될지 조금 용기가 필요했는데, 아미드가 다리에 깁스를 한 것이 눈에 띄었어요. 그 순간 저는 '무슨 일이 생기더라도 도망갈 수 있겠다!' 싶었어요. 그래서 그의 차를 얻어 타기로 했습니다.

혹시 나쁜 사람은 아닐지 조마조마해하던 저와 달리, 아미드는 사막 사람의 환대를 온 마음으로 보여 주었습니다. 비록 스페인어를 하는 그와 말은 통하지 않았지만요. 햇볕이 내리쬐는 오후 시간에 출발한 차는 작지만 컸어요. 그 안에 수면 공간부터 냉장고까지 많은 것이 갖추어져 있었지요. 아미드는 제게 편히 앉거나 누워서 쉬라고 계속 권했어요. 하지만 힘들게 운전하는 사람 옆에서 차마 그럴 수 없었어요. 그래서 바른 자세로 앉아 있었는데, 아미드는 대시보드에 한쪽 다리를 척 올리더니 이렇게라도 편히 있으라며 온몸으로 시범을 보여 줍니다. 그 모습에 저도 웃음을 터트리며 잠깐이나마 다리를 대시보드에 올렸지요. 대시보드에 나란히 올린 우리의 두 발 사진을 찍어 두었는데 지금 보아도 여전히 가슴이 뭉클해져요.

그렇게 한참을 달린 차는 새벽 1시가 넘어서야 다클라에 도착했습니다. 가까운 버스 정류장 근처에 대충 내려 달라는 저를 한사코 만류하며 아미드는 숙소까지 수소문해 데려다주더니 숙소 체크인까지 도와주었습니다. 그러고는 다시 먼 길을 떠났어요.

어디선가 얼핏 듣기로, 사막 사람들은 한 번 마주친 사람은 언제 다시 만나게 될지 모르기에 대화와 음식을 나누며 환대하는 것이 몸에 익었다고 해요. 아미드가 제게 보여 준 그 환대 덕분에 저에게 서사하라는 알록달록한 환대의 장소로 남아 있습니다. 그리고 제가 아프리카라는 커다란 매력에 또 한 번 빠지는 계기가 되었지요.

자, 그럼 지금부터 아프리카 대륙에 관한 기초적인 지식을 소개해 보겠습니다. 몇 가지만 보더라도 아프리카가 얼마나 큰지 새삼 느껴질 거예요.

2천여 개 언어, 3천여 개 민족

아프리카는 지구에서 가장 오래된 대륙이자 아시아 다음으로 큰 대륙입니다. 현재 50여 개 국가가 있지요. 왜 정확하게 말하지 않고 '50여 개'라고 하냐고요? 인정하는 주체에 따라 그 수가 다르기 때문입니다.

국제 연합United Nations, UN에 따르면 아프리카에는 54개국이 있습니다. 그런데 아프리카 국가들 사이에서 국제 연합과 비슷한 역할을 하는 아프리카 연합African Union, AU에 소속된 국가는 55개국이에요. 이 차이는 바로 앞서 이야기한 서사하라 때문입니다.

아프리카 북서부 지역의 모로코, 모리타니와 국경을 맞댄 서사하라는 국경 분쟁이 있는 지역입니다. 스페인의 식민 지배를 받다가 1975년에 독립했는데, 이곳 사람들은 자신들의 땅을 '사하라 아랍 민주 공화국'이라고 불러요. 하지만 국제 사회는 이를 인정하지 않아요. 이 지역을 두고 다투는 나라가 너무나 많거든요. 과거에는 모로코와 모리타니가 각자 지배권을 주장했고, 지금은 모로코가 실효 지배하고 있습니다. 그러다 보니 새로운 나라를 인정하는 것은 근대 국가 체계에 불안정한 영향을 미칠 수 있어 인정

할 수 없다는 것이 현재 국제 연합의 입장이에요. 반면 아프리카 연합은 서사하라를 어엿한 국가로 인정해 주고 있지요. 이렇게 서사하라를 국가로 인정하느냐 아니냐에 따라서 아프리카의 나라는 총 54개국이 되기도 하고 55개국이 되기도 합니다.

그렇다면 아프리카에는 몇 개 민족이 살고 있을까요? 국가가 50여 개이니 민족도 그쯤 될까요? 그보다 훨씬 많아요. 3천여 개 민족이 이 대륙에 터 잡고 살고 있습니다. 민족뿐 아니라 언어도 그만큼 많습니다. 민족 언어 혹은 지역 언어 2,100여 개가 사용되고 있지요. 이를 쉽게 분류하기 위해서 아프로-아시아 어족, 나일-사하라 어족, 니제르-콩고 어족, 코이산 어족, 오스트로네시아 어족 등 대여섯 개 어족으로 나누기도 하지요. 한 어족 안의 언어는 유사하거나 혼성화되는 경우가 많아 어족의 수는 늘어나기도, 줄어들기도 합니다.

이런 민족 언어 중 대표적인 언어를 하나 꼽으라면 스와힐리어가 있습니다. 동부 아프리카 해안 지역, 즉 케냐와 탄자니아, 우간다, 콩고 민주 공화국, 모잠비크 등에서 널리 쓰이지요. 스와힐리어는 아랍어, 영어, 프랑스어, 포르투갈어, 스페인어와 함께 아프리카 연합 회의의 공식 언어이기도 합니다.

민족 언어가 많기는 하지만 그중 주류를 이루는 언어가 없거나, 한 민족 언어를 공용어로 지정하는 것이 사회 갈등의 요소가 되는 경우 아랍어, 프랑스어, 영어 등 구 식민 본국의 언어가 주로 공용어로 쓰이지요.

아프리카의 날씨는 어떨까요? 보통 아프리카라고 하면 햇볕이 내리쬐는 뜨거운 대지를 연상하는데 아프리카라고 다 그렇지는 않아요. 아프리카의 기후, 환경은 꽤 다양해서 해발 5,895미터로 아프리카 최고봉인 킬리만자로산처럼 만년설이 쌓여 있는 곳도 있고, 일 년 내내 덥고 습한 곳도 있어요. 물론 건조한 바람이 불어오는 사막 지역도 있답니다.

아프리카의 동서남북

흔히 아프리카를 쉽게 동서남북으로 나누어 이해하곤 해요. 즉 동부, 서부, 남부, 북부, 중부로 나누어 보는 것이지요. 이렇게 큼직한 분류에 따라 보면 지역별로 비슷한 점이 많습니다.

북부 아프리카에는 이집트, 수단, 리비아, 튀니지, 알제리, 모로코, 서사하라 등이 있습니다. 북부 아프리카는 유럽, 중동과 가까운 반면 사하라 사막으로 인해 다른 아프리카 지역과는 지리적으로 단절되어 있어요. 또 아랍 문화가 강하고 실제로 아랍 사람도 많이 살고 있어 문화적으로도 많이 다르지요. 그래서 북부를 제외한 다른 아프리카를 사하라 이남 아프리카라고 부르며 구분하곤 합니다.

동부 아프리카에는 소말리아, 지부티, 에리트레아, 에티오피아, 케냐, 탄자니아, 르완다, 우간다, 남수단, 부룬디 등이 있어요. 이곳에 가면 영어가 많이 들릴 거예요. 19세

북아프리카는 아프리카가 아니다?

사하라 사막에 의해 나뉜 북아프리카와 사하라 이남 아프리카는 그 문화적 특질이 확연히 다릅니다. 그래서 좁은 의미에서 사하라 이남 아프리카만을 아프리카로, 아랍 문화와 선주민 문화가 혼재되어 나타나는 북아프리카는 중동으로 구분하기도 해요. 하지만 이와 별개로 '사하라 이남 아프리카'라는 용어를 비판하는 학자들도 있어요. 유럽과 좀 더 가깝고 일찍이 문명이 형성되었으며(고대 이집트 문명 등) 독립이 빨랐던 북부 아프리카와, 사하라 이남 아프리카를 분리함으로써 피부가 검은 아프리카인들을 비하하려 했다는 것이지요.

기 후반부터 20세기 중반까지 영국의 식민 지배를 받은 지역이 많아서 아직도 많은 나라가 공용어로 영어를 쓰거든요. 에티오피아, 케냐, 탄자니아 등은 비교적 치안 상태가 안정적이고 관광 자원이 많아 여행객들이 많이 찾습니다. 저도 여행사에서 일할 때 여행자들을 인솔하여 이 지역을 수없이 오갔어요. 세계 각국에서 온 여행자가 많다 보니 각종 여행자 편의 시설이 비교적 잘 갖추어져 있지요.

동부 아프리카에서 영어가 많이 쓰인다면 서부 아프리카에서는 프랑스어가 많이 쓰입니다. 그 이유는 역시 과거에 프랑스의 지배를 오래 받았기 때문이에요. 서부 아프리카에는 말리, 세네갈, 감비아, 니제르, 코트디부아르, 가나, 나이지리아, 부르키나파소, 토고, 베냉, 모리타니 등이 있어요.(이 중 가나, 감비아, 나이지리아 등은 영어권 국가랍니다.)

프랑스어권 국가들은 프랑코포니라고 하는 연합체를 구성하고 있는데, 이 연합체의 정회원 54개국 중 29개국이 아프리카에 있고 그중 다수가 서부에 있어요. 이 국가들은 서로 경제적 의존도 높아 세파 프랑이라고 부르는 화폐를 같이 사용하기도 하고, 영어권 국가들과 함께 에코와스 ECOWAS, Economic Community of West African States라고 부르는 서 아프리카 경제 공동체를 형성하기도 했죠.

이 지역에는 '흑아프리카'라는 재미난 별명도 있어요. 아프리카 하면 이미 검은색이 떠오르는데 거기에다 왜 또 한번 '흑'을 덧붙인 걸까요? 이 지역 사람들은 피부색이 타 지역에 비해 더욱 검은 데다, 이들이 아프리카 흑인의 뿌리라고 여겨지기 때문이에요. 역사적으로 중서부 지역 사람들의 이주로 인해 아프리카에 흑인이 광범위하게 퍼지게 되었다고 하지요.

남부 아프리카에는 남아프리카 공화국과 잠비아, 짐바브웨, 보츠와나, 나미비아, 앙골라, 모잠비크, 에스와티니, 레소토, 말라위 등이 있습니다. 주로 영어가 쓰이고 기후가 온난하며 빅토리아 폭포, 오카방고 삼각주, 테이블 마운틴 등 멋진 풍광이 많아 동부 지역과 함께 많은 관광객이 찾는 곳이죠.

마지막으로 중부 아프리카에는 콩고 민주 공화국, 중앙 아프리카 공화국, 차드, 가봉, 카메룬, 콩고 공화국(콩고 민주 공화국과 다른 곳입니다! 헷갈려하는 사람이 많아서, 수도 이름을 붙여 콩고 민주 공화국은 킨샤사 콩고로, 콩고 공화국은 브라자빌 콩고라고 표현하기도 합니다), 적도 기니 등이 있어요. 이곳엔 열대 우림이 광범위하게 분포하고 있고 매장된 광물도 많아 그 경제적 가치가 무궁무진합니다. 비록 이 풍요로움이 현지 사람들에 대한 착취와 환경 파괴, 천연자원 고갈 등의 여러 문제를 만들고 있긴 하지만요. 예를 들어 전기 차 배터리를 만들 때 코발트가 꼭 필요한데 이 코발트는 콩고 민주 공화국 사람들이 힘들게 채굴하고 있어요. 고된 노동에 비해 보상은 턱없이 부족합니다. 심지어 어린 이들도 채굴에 동원되고 있어서 큰 문제가 되고 있지요.

50여 개 나라에, 2천여 개 언어에, 동서남북의 엄청난 차이까지, 이것만 보아도 아프리카는 무척이나 거대한 대륙이라는 것이 느껴지지요?

2
아프리카를 일컫는 표현들

하나의 아프리카를 꿈꾼 사람들

아프리카는 이렇게 크고 다양한데도 그냥 '아프리카'라고 쉽게 일반화되곤 해요. 예를 들어 우리는 프랑스에 간다, 캐나다에 간다, 중국에 간다고 말할 때가 많지, 유럽에 간다, 북아메리카에 간다, 아시아에 간다고 말하는 경우는 드물어요. 하지만 유난히 아프리카는 그냥 아프리카에 간다고 할 때가 많지요. 그렇게 부를 때면 마치 아프리카는 하나의 작은 지역처럼 느껴져요.

'아프리카는 통합되어야 한다Africa must unite' '아프리카는 하나'라고 외치는 정치 사회적 움직임이 일어난 적이 있어요. 아프리카 나라들이 대부분 독립한 1960년대 전후부터 이런 움직임이 생겼지요. 이러한 움직임을 범아프리카주의Pan Africanism라고 하는데 재미있게도 이 범아프리카주의는 아메리카 대륙에서 먼저 발생했습니다.

오늘날 미국과 중남미 지역을 포함하는 아메리카 대륙에 살고 있는 많은 흑인의 조상이 아프리카에서 왔다는 것을 잘 알고 있을 거예요. 이른바 노예 무역을 통해서 끌려왔지요. 16세기부터 유럽인들은 대서양을 건너 아메리카 대륙, 특히 중남미 지역을 사탕수수와 커피 등을 재배할 대농장으로 삼았습니다. 이런 농작물을 재배하려면 노동력이 무척 많이 필요했고 많은 유럽 국가는 아프리카 대륙에서 인력을 '수입'합니다. 노예 무역을 통해서요. 그렇게 노예가 된 아프리카 흑인들과 그 후손들은 낯선 땅에서 힘겨운 노동을 해야 했을 뿐 아니라 '뿌리 뽑힘'의 고통을 받았습니다.

이런 역사 속에서 아프리카계 사람들에게는 끊어진 정체성을 더 넓은 범위로 통합할 수 있는 정체성이 필요했어요. 그중 하나가 바로 우리는 모두 '흑인'이며 '아프리카인'이라는 인식이었죠. 이에 20세기 초반부터 아프리카계 아메리카인 지식인들 사이에서 범아프리카주의, 네그리튀드 같은 정치 사회적 움직임이 일어납니다. 간단히 말하자면, 범아프리카주의는 아프리카 혈통의 사람들이 통일된 정체성과 국가를 가져야 한다는 운동이었어요. 또 네그리튀드는 아프리카 흑인 문명의 정체성을 회복하기 위해 예술, 문학 등을 활용하자는 사회 운동이었죠. 범아프리카주의는 영국령 식민지의 지식인들이 주도했고, 네그리튀드는 프랑스령 식민지 지식인들이 주도했어요.

멀리 아메리카 대륙에서, 그리고 흑인 유학생이 많은 유럽 식민 본국들에서 이런 흑인 민족주의 운동이 일어나자, 아프리카의 독립 운동가들도 큰 영향을 받았습니다. 그중 대표적인 사람이 사하라 이남 아프리카에서 최초로 독립국이 된 가나의 첫 대통령 콰메 은크루마Kwame Nkrumah입니다. 그를 비롯해 수많은 정치가뿐 아니라 1963년에 만들어진 아프리카 단결 기구Organization of African Unity, OAU도 '아프리카 합중국United States of Africa'을 꿈꿔요. 여러 주가 모여 아메리카 합중국이라는 한 국가를 이루고 있는 미국처럼 하나의 연합체로서 아프리카를 만들고 싶어 한 것이지요. 물론 이 꿈은 끝내 이루지 못했습니다.

그런데 아프리카계 사람들이 아프리카는 하나라고 외치는 것과, 우리가 아프리카를 그냥 뭉뚱그려 하나로 생각하는 것은 달라요. 외부인은 내부인과 달라야죠. 외부인이 그들을 하나로 묶어서 보는 것은, 프랑스 철학자 미셸 푸코의 말을 빌리자면 단지 하나로 '볼 수 있는 권력'을 누리고 있는 타자의 단순화된 시각이 되기 쉽습니다. 1958년부터 1994년까지 가나, 다호메이(오늘날의 베냉), 니제르 등 30여 개 아프리카 국가를 여행하며 취재한 카푸시친스키의 책 《흑단》에는 이런 구절이 있습니다.

"위대한 문화 인류학자들은 '아프리카 문화' 혹은 '아프리카 종교'라는 말을 사용하지 않는다. 그런 것들은 애초에 존재하지 않으며, 아프리카의 본질은 바로 무한한 다양성에 있다는 사실을 누구보다 잘 알고 있기 때문이다. 그들은 개별적인 공동체의 문화를 모방할 수 없는 독특하고 유일한 세계로 이해했다."[1]

외부인인 우리가 아프리카를 하나가 아니라 매우 많은 여럿으로 보려는 연습을 해야 하는 이유입니다.

부족 말고 민족

아프리카를 이야기할 때 주의할 표현들도 있어요. 예를 들면 '부족tribe'이라는 단어가 그렇습니다. 아프리카 사람들을 설명할 때 부족이라는 말을 많이 쓰죠. 마사이족, 피그미족, 베르베르족 같은 표현이 대표적이에요.

여러분은 '부족'이라 하면 무슨 이미지가 가장 먼저 떠오르나요? 아마 어딘가 원시적인, "우가 우가"라고 알 수 없는 소리를 내는 집단이 떠오를 거예요. 표준국어대사전을 검색해 봐도 '부족'은 "원시 사회나 미개 사회의 구성 단위가 되는 지역적 생활 공동체"라고 나옵니다.

백번 양보해서 이 '미개'가 '개척되지 않은' 상태를 의미한다고 해도, 거기에 '발전되지 않고 문화 수준이 낮은 상태' 같은 낙후된 이미지가 결합되는 것은 피할 수 없을 거예요. 정치학자 알렉스 톰슨은 책《아프리카 정치 입문An Introduction to Afrcain Politics》에서 '부족'이라는 말은 아프리카 민족 집단ethic groups을 지나치게 단순화하고, 인종주의적 편견을 넣기 위해 만들어진 말이라고 이야기하죠.

아프리카 사람들을 '부족' 단위로 구분하기 시작한 것은 유럽이 이곳을 분할 통치하던 19세기 후반부터입니다. 식민지 제국주의자들은 통치와 관리를 쉽게 하려고 수많은 씨족 사회, 즉 공동의 조상을 가진 혈연 공동체를 몇 개 부족으로 묶었어요. 그리고 이들 중 식민 권력에 복종하거나 좀 더 관리가 쉬운 집단을 우월한 지위에 놓았습니다. 그러면서 아프리카에 '부족' 갈등의 씨앗이 생겨나게 됩니다. 물론 이 구분을 자신들에게 유리하게 이용한 '부족'들도 이 씨앗이 자라나는 데에 큰 역할을 했을 겁니다.

그래서 오늘날 아프리카 학자들은 아프리카의 다양한 민족 집단을 표현할 때 이렇게 인위적으로 만들어지고 비하의 의미가 덧씌워진 '부족'이라는 표현 대신 '민족' 혹은 '사람들'이라는 표현을 씁니다. 즉, 마사이족 대신 마사이 민족, 마사이 사람들이라는 표현을 써요.

원주민 말고 선주민

이외에 아프리카를 가리킬 때 자주 쓰이는 비하의 말이 또 무엇이 있을까요? 저는 '원주민'도 그중 하나라고 생각해요. 이 말에서도 벌써 "우가 우가" 하는 소리가 들리는 듯해요. 사실 '원주민'이라는 말은 '그 지역에 본디부터 살고 있는 사람들'을 뜻해요. 하지만 실제로 쓰일 때는 그 의미 이상으로 확장된 듯하죠? 한 단어에 어떤 이미지가 덧씌워지면 사람들의 생각을 바꾸는 것이 생각보다 쉽지 않습니다. 그래서 일부 학자들은 '원주민' 대신 '선주민'이라는 단어를 쓰기도 해요.

이런 '선주민' 그리고 '민족'을 실제로 만나면 어떨까요? 저는 아프리카 여행에서 빼놓을 수 없는 세렝게티를 여러 번 다녀왔어요. 세렝게티는 마사이 사람들의 땅이에요. 마사이 사람 중 몇몇은 관광객을 맞이하는 일을 하기 때문에 마사이 사람들도 많이 만날 수 있었지요. 이들은 원시 사회가 아닌 '오늘'을 살아가고 있어요.

그뿐인가요? 모로코의 아마지그인(베르베르인) 가이드인 제 친구는 자신을 홍보하려고 SNS를 얼마나 열심히 활용하는지 몰라요. 모로코 국경이 봉쇄되었던 코로나19 시기, 저는 관광업에서 일하던 아마지그인들을 위해 랜선 투어를 진행한 적이 있어요. 그때 저는 사막에 있는 친구 사이드와 영상 통화를 했답니다! 화질과 음질이 얼마나 선명했는지 몰라요. 저처럼 실제 아프리카 사람들을 한 번이라도 만나게 된다면, 아프리카 사람을 '원주민, 부족' 같은 말로 부르는 일이 얼마나 어색한지 느낄 수 있을 거예요.

추장은 원시적이지 않아

또 '추장'이라는 표현도 있는데요, 이 단어도 검색해 보면 '원시 사회'의 우두머리라고 설명되어 있습니다. 원시라고요? 제가 아는 '추장'은 현대 사회의 지역 지도자들인데요?

제가 살던 가나에서 만난 추장은 우리가 흔히 생각하는 것과 많이 달랐어요. 일단 정치 사회적 힘이 크게 느껴지는 사람들이었어요. 이분들은 입고 다니는 옷부터 다릅니다. 가나의 전통 천인 켄테 천으로 만든 화려한 무늬와 빛

깔의 옷을 입어 권위를 보이지요. 실제로 가나에서는 추장이 지역의 지도자로서, 헌법적 권한을 인정받고 있습니다.

'추장'에 비하의 의미가 어떻게 추가된 것인지 찾고, 그 뿌리와 역사를 분명히 하는 것은 제게 남겨진 숙제입니다. 저는 이것을 앞으로 계속 연구해 보려고 해요. 아직 그 기원을 명확히 찾지는 못했지만 대런 애쓰모글루와 제임스 A. 로빈슨이 쓴 《국가는 왜 실패하는가》라는 책에서 힌트를 얻을 수 있었어요.

이 책에 의하면 1896년 영국의 보호령이 된 시에라리온에서, 영국은 유력한 지배자를 파악해 이른바 대추장 Paramount Chief이라는 새 직위를 주고, 추장령을 하나의 행정 단위로 편입합니다. 이 추장령에서 대추장은 법질서를 유지하는 역할을 하면서 세금도 걷고 토지 관리도 했다고 해요. 여기서 더 나아가 영국은 추장이라는 개념이 없던 나이지리아 동부의 이보 사람들에게도 행정 추장 Warrant Chief이라는 직위를 줬다고 합니다. 이러한 역사를 봤을 때, 어느 사회에나 있는 지역 사회 지도자를 영국이 '추장'이라는 이름으로 '세습 귀족'화한 뒤, 편리한 통치를 위해 관료처럼 이용하면서도 열등한 존재로 취급한 것이 아닐까 추측해 봅니다.

아프리카를 설명할 때 흔히 쓰이는 말에는 아프리카를 비하하거나 낮게 보려는 시선이 담긴 경우가 더러 있어요. 저는 앞으로 이런 표현들을 조심하면서 아프리카 이야기를 펼치려고 합니다. 여러분도 아프리카 이야기를 할 때 혹시 아프리카 사람 입장에서 불쾌하게 들릴 만한 표현은 없을지 한번 더 생각해 보세요.

3
황금 코뿔소부터 독립 운동까지

코이산인, 흑인, 피그미인

15~16세기에 유럽인이 아프리카 대륙을 탐험하기 전까지, 아프리카의 역사는 기록으로 많이 남아 있지는 않아요. 그래서 근현대 이전 역사를 연구할 때는 문헌학적 증거가 아닌 인류학적 흔적에 의존합니다. 책이 아니라 유물, 유적을 통해 연구한다는 뜻이에요.

선사 시대, 아프리카에는 어떤 풍경이 펼쳐져 있었을까요? 거기 살던 사람들을 먼저 소개해 볼게요. 아프리카 선주민으로 코이산인과 피그미인 등을 떠올려 볼 수 있어요. 이들은 재러드 다이아몬드의 책 《총, 균, 쇠》에도 등장해요. 이 책에 따르면 기원후 1000년, 아프리카에는 주요한 다섯 인종이 살고 있었는데 바로 "일반인들이 대충 흑인, 백인, 아프리카 피그미족, 코이산족, 아시아 인종 등으로 부르는 사람들"[1]이라고 해요.

이 중 아프리카의 선사 시대를 주름잡은 사람들은 코이산인, 흑인, 피그미인이라고 할 수 있어요. 코이산인은 남아프리카의 넓은 지역에 분포되어 있던 민족 집단으로, 목축으로 살아가는 코이코이인과 수렵 채집을 통해 살아가는 산인을 함께 부르는 말이에요. 사실 코이산인은 한때 아주 유명해진 적이 있어요. 영화 〈부시맨〉을 통해 알려진

인종이라는 문제적 표현

인종 구분은 자의적입니다. 일정한 기준이 없다는 뜻이에요. 인종이라는 단어가 인간을 지나치게 쉽게 구분하려고 개발된 개념일 뿐이라는 데에 많은 사람이 동의하고 반성했습니다. 그래서 최근 학자들은 인종이라는 단어를 꺼내거나 그와 관련된 설명을 해야 할 때 이 단어에 따옴표를 달거나 '이른바'와 같은 표현을 덧붙여요. 재러드 다이아몬드가 "일반인들이 대충" 그렇게 부른다고 표현한 것도 그러한 이유 때문입니다.

사람들이 바로 코이산 사람들(그중에서도 산인)이죠. 이들은 피부가 누르스름하고 주름이 많아요. 얼핏 보면 흑인과 백인의 혼혈 같기도 하고 아시아인과 비슷해 보이기도 하지요.

한편 피그미 사람들은 중앙아프리카 강우림 지역에 살던, 체격이 작고 피부색이 조금 덜 검은 사람들이에요. 마지막으로 흑인은 우리가 생각하는, 그 피부색이 검은 사람들을 일컫습니다. 현재 아프리카 대륙에 광범위하게 퍼져 있는 사람들이지요. 그런데 지금 우리는 아프리카라고 하면 코이산인이나 피그미인보다는 흑인을 더 많이 떠올리지요? 거기에는 이유가 있습니다.

흑인 중에서도 농경민인 반투계 사람들은 서아프리카의 나이지리아, 카메룬 지역에서 발원해서 농업에 유리한 지역을 찾아 이동합니다. 그러다 피그미와 코이산 사람들이 살던 중부, 남부 아프리카까지 장악하게 되었어요. 그래서 지금도 아프리카 하면 대표적으로 흑인이 떠오르게 된 것이지요. 이 사람들이 수천 개 민족을 구성하면서 넓은 범위의 아프리카 역사를 써 내려가게 됩니다.

황금 코뿔소가 상징하는 것

그들 중 일부는 왕국의 형태를 띤 정치 공동체를 만들기도
해요. 도현신이 쓴 《지도에서 사라진 나라들》에서는, 그렇
게 아프리카에 있었지만 지금은 '지도에서 사라진' 왕국 몇
개를 소개하고 있어요. 바로 아샨티 왕국, 다호메이 왕국
등이에요. 그 외에도 아프리카에는 가나 왕국(오늘날의 가나
와는 다릅니다!), 말리 왕국, 송가이 왕국, 그레이트 짐바브웨
왕국, 콩고 왕국, 줄루 왕국 등이 있었습니다. 각각 어떤 왕
국이었을지 무척 궁금증이 일지요? 하지만 안타깝게도 알
려진 부분보다 알려지지 않은 부분, 몇 가지 단서로 추측해
야 하는 부분이 더 많아요.

한번은 '황금 코뿔소'가 발견되어서 학자들이 크게 흥
분했던 적이 있어요. 1932년, 남아프리카 공화국에 있는
프리토리아 대학의 고고학자들이 짐바브웨에 있는 마풍그
브웨 유적에서 무척 정교하게 조각된 황금 코뿔소를 발견
했어요. 조사해 보니 11세기의 유물이었어요. 11세기, 이
것이 학자들이 그토록 흥분했던 이유랍니다. 왜냐고요?

11세기는 유럽으로 치면 중세 시대지요. 그런데 아프리
카에서 이 시기는 유럽에 의해 의도적으로 지워졌어요. 유

럽은 이 시기에 아프리카에는 문명이 없었다고 주장했지요. 20세기 들어 짐바브웨를 보호령으로 삼았던 영국은 그러한 주장으로 자신들의 식민 통치에 정당성을 부여합니다. 그런데 그런 곳에서 발견된, 부를 상징하는 황금 코뿔소는 그 주장이 잘못되었다는 것을 보여 주는 중요한 근거가 될 수 있는 거예요!

그 밖에도 마풍그브웨 유적에서는 인도양을 오가는 무역을 통해 인도, 중국, 아라비아 등과 교류한 흔적이 발견되고 있어요. 이런 유물을 통해 추측하자면, 11세기의 짐바브웨 지역은 외부 세계와 활발히 교류하는 곳이었던 것 같아요.

황금 코뿔소 같은, 8세기에서 15세기 사이의 아프리카 역사의 조각들을 모은 학자가 있어요. 《황금 코뿔소의 비밀》이라는 책을 쓴 프랑수아자비에 포벨입니다. 포벨은 단지 기록이 없다는 이유로 이 시기를 '암흑'이라고 부르며 아프리카에는 역사가 없었다고 오만하게 말하는 서구 학자들에 맞서 아프리카 역사를 연구해요. 포벨 같은 학자들이 더 많아진다면 앞으로 아프리카의 역사에 대해 더 많은 것이 알려지게 될 겁니다.

샤카 왕과 줄루 왕국

현대로 가까이 오면, 아프리카의 역사도 좀 더 풍성해집니다. 남부 아프리카 줄루 왕국의 이야기는 특히 많이 알려져 있어요.

18세기 남부 아프리카 지역에는 유럽의 나폴레옹에 비견되는 샤카 왕이 있었어요. 넓이가 한반도의 6배나 되었던 줄루 왕국을 다스렸던 왕이죠. 샤카가 통치하는 동안 줄루 왕국은 인구 100만 명 이상에, 상비군 군대 약 5만 명이 있는, 사하라 이남 아프리카에서 가장 강력한 왕국이었다고 합니다. 이때의 군사 조직 유형이 지금도 잠비아, 탄자니아 같은 나라의 군사 조직에도 적용되고 있다고 해요. 또 줄루의 개척지에서 밀려난 다른 민족들이 현재 짐바브웨, 말라위, 모잠비크, 탄자니아 지역에 새로운 왕국을 세웠다고 하니 줄루 왕국이 동남부 아프리카에 미친 영향이 어마어마했지요.

줄루 왕국은 유럽 제국주의자들에 맞서 싸운 전투에서 이기기도 했어요. 이산들와나 전투는 아프리카인들이 제국주의자들을 맞아 가장 크게 이긴 전투로 꼽히지요. 1879년, 줄루인들의 땅을 식민 통치하려고 영국 군대가 온

갖 신식 무기로 무장하고 쳐들어왔을 때, 용맹한 줄루 전사들은 전통 무기와 소가죽 방패로 이들에게 맞서 이겼습니다. 비록 이때의 충격으로 정신적, 물리적으로 재무장한 영국군과 2차전을 벌였을 때는 패배하고 말았고 그 이후 줄루 왕국은 위세가 급격히 줄긴 했지만요.

하버드 대학교에서 박사 학위를 받은 최초의 흑인 학자인 윌리엄 듀보이스는 이런 찬란하고 융성한 문명의 역사를 알리고자 1915년에 《니그로》라는 책을 출간합니다. 아직 미국에 인종 차별이 극심할 때였지요. 이 책에서 듀보이스는 아프리카와 아메리카 국가들에 사는 흑인의 역사뿐 아니라 아프리카계 후손들이 사는 쿠바, 아이티 등 카

'니그로'에는 무슨 뜻이?

듀보이스가 《니그로》라는 책을 쓸 당시는 물론 20세기 이전까지 '니그로'라는 말은 지금과 같이 피부색이 검은 사람들을 낮추어 부르는 말이었어요. 하지만 1900년대 초반 미국에서 일어났던 흑인 문예 부흥 운동인 '할렘 르네상스'와, 앞서 말한 네그리튀드 운동 이후로 니그로라는 단어는 저항의 언어로 쓰이게 됩니다. 노예 제도 이후로도 계속 고통받던 아프리카계 사람들에게 새로운 정체성을 부여하는 개념이 되었지요. 그러다가 시간이 지나면서 다시 비하의 의미가 강해져서 이제는 잘 쓰이지 않는 단어가 되었습니다.

리브해 국가들, 그리고 해방 노예들이 아프리카로 귀환해 건국한 나라인 라이베리아, 시에라리온 등의 역사를 총망라하고 있습니다. 그 방대한 역사를 쓰면서 "오늘날 이 찬란한 역사와 융성함 대부분을 잘 모르고 니그로는 역사가 없다고 확신에 차서 주장하는 것은 현대인의 편견에서 비롯된 기이한 상황이다"[2] 라고 이야기하지요.

노예 무역, 슬픈 이주

아프리카 역사에 큰 변화가 생긴 것은 15세기, 유럽 사람들이 찾아오기 시작하면서부터입니다. 고대부터 유럽과 교류하던 북아프리카 국가들과 달리, 사하라 이남 아프리카에 유럽인들이 찾아온 것은 15세기의 일이었어요. 포르투갈 사람이 제일 먼저 찾아왔지요.

당시 포르투갈은 인도로 가는 길을 찾고 있었습니다. 그전까지 포르투갈을 비롯해 유럽 나라들은 인도까지 육로나 지중해의 바닷길로 가서 설탕과 향신료들을 수입했어요. 그런데 그 길목에 있는 중동 지역에서 오스만 제국이 크게 일어나면서 사정이 달라졌습니다. 오스만 제국은 점점 기세가 확대되며 동유럽 지역까지 손을 뻗었는데 그러면서 교역에 무척 많은 세금과 통행료를 부과했어요. 그 때문에 무역이 여의치 않자 포르투갈은 인도로 가는 다른 바닷길을 찾기로 했어요. 서아프리카 해안 대탐험이 시작된 거죠.

현재의 서사하라 지역에 있는 보자도르곶에 대해 당시 유럽에서는 흉흉한 소문이 돌았어요. 그 아래로 내려가면 지옥의 입구가 있고, 그곳은 너무나도 뜨거워서 가면 시커멓게 탈 것이라는 소문이었지요. 그래서 누구도 선뜻 가지 못했는데 1441년, 포르투갈의 배가 처음으로 이곳을 지납니다. 발달된 항해술과 경제적 욕구가 심리적 장벽까지 깨내게 한 거죠. 그 이후 1488년, 바르톨로메우 디아스가 희망봉을 지나고, 1498년 바스쿠 다가마가 이 항로를 통해 동아프리카 해안을 지나 인도의 캘리컷 지역에 닿으면서 포르투갈인들은 '인도로 향하는 신항로 개척'의 꿈을 실현합니다.

그 무렵, 서부 아프리카 왕국들은 위계적 사회 구조를 유지하고 있었습니다. 근처에 사는 약소 민족을 노예로 삼기도 했지요. 포르투갈은 바로 이것을 활용해요. 노예를 '포획'해 현지 왕국에 제공하고 이를 상아나 금 등과 바꾸는 교역을 한 거예요. 현재의 베냉, 나이지리아가 있는 해안에서 특히 이런 노예 교역이 많이 이루어져서 당시 이 해안들에 노예 해안Slave Coast이라는 별칭이 붙을 정도였어요.

그러다가 이 노예 거래가 대서양을 건너 아메리카 대륙으로까지 확장됩니다. 이것은 꽤나 달콤한 물질과 관련이 있어요. 바로 설탕이지요. 원래 뉴기니섬에서 재배되다가 인도로 전파된 사탕수수와, 이것을 정제한 결정인 설탕은 유럽에는 없던 향신료였어요. 6세기와 8세기에 유럽에 전파되면서 이후 설탕은 엄청난 인기를 끌고 가격이 폭등하게 됩니다.

16세기에 이르러 포르투갈은 이 비싼 설탕을 직접 가공할 꿈을 꾸게 돼요. 세네갈 앞 바다의 섬 지역인 카보베르데에서 이루어지는 사탕수수 재배와 설탕 제조 사업에 수많은 아프리카 노예를 투입하죠.

포르투갈의 사업에 자극받은 스페인 또한 지구를 돌아 아메리카 대륙을 '발견'하고 그곳에서 사탕수수, 커피 등 각종 향신료 농장을 경영하게 됩니다. 이때 유럽에서 사람들이 건너오면서 각종 질병도 함께 이곳에 들어왔는데 질병에 내성이 없는 데다 고된 노동에 지쳐 있던 선주민들이 많이 사망하고 말아요. 그러면서 노동력이 크게 부족해졌지요.

그래서 스페인은 포르투갈을 통해 아프리카로부터 노예를 공급받았어요. 그렇게 아프리카 노예는 대서양을 건너 아메리카 대륙으로, 아메리카 대륙에서 생산된 설탕과 각종 향신료는 유럽으로 전달되는 체계가 형성됩니다. 이것을 대서양 삼각 무역이라고 부르죠. 엄청난 수익률을 자랑한 이 사업에 다른 유럽 열강들이 앞다투어 뛰어들었고, 17세기부터 19세기까지는 영국, 프랑스가 이 무역에 앞장서지요. 그 과정에서 대서양을 건넌 아프리카인은 1,200만 명에서 2천만 명까지로 짐작된다고 해요.

박영순이 쓴《커피 인문학》에 따르면 삼각 무역을 통해 유럽 투자자들은 최고 500퍼센트의 이익을 얻었다고 해요. 유럽 국가들이 너도나도 이 무역에 뛰어든 이유지요. 아이러니하게도 노예 무역이 가장 극심했던 18세기에 유럽에서는 계몽주의의 싹이 트고 있었습니다. 영국에는 산업 혁명의 기운이, 프랑스에는 프랑스 혁명의 기운이, 미국에는 독립 혁명의 기운이 충만했지요. 외부를 착취하고 억압하여 얻은 수익으로, 유럽 사회의 차별을 완화하고 이상적인 사회를 꿈꾼 거예요.

당시 노예가 된 아프리카 사람들은 유럽인들에게 '화

물'일 뿐이었어요. 노예 수송선 안에 짐짝처럼 차곡차곡 쌓여서 대서양을 건넜습니다. 좁은 공간에서 제대로 움직이지 못한 사람들의 용변과 구토, 체액 등으로 인해 배 안의 오염은 상상을 초월할 정도로 심했죠. 그런 상태로 두 달 가까이 항해를 하게 되니, 배에 '실린' 노예들 중 평균 20퍼센트가 이송 중 목숨을 잃었습니다. 그리고 살아남은 사람들은 브라질 같은 큰 지역뿐 아니라 자메이카, 안티과, 네비스, 세인트 키츠, 몬트세렛, 기아나, 마르티니크, 과들루프섬 같은 작은 섬에 팔려 갔지요.[3]

항해하는 도중에 정말 참혹한 사건이 일어나기도 했어요. 구정은 등이 쓴 《카페에서 읽는 세계사》에서는 네덜란드 국적의 뢰스덴호 이야기를 전합니다. 뢰스덴호는 1738년에 노예를 가득 싣고 가다 남미의 수리남에 좌초하고 말아요. 모두의 목숨이 위태로워진 순간, 배에는 구명정조차 모자랐지요. 선장은 흑인들을 갑판 아래에 가두고 못질을 시키라고 지시했대요. 부족한 구명정을 흑인들에게 빼앗길까 두려웠던 거죠. 이 사건은 "노예 664명을 수장시킨, 대서양 노예 무역 역사상 가장 비극적인 사건으로 평가"[4]받고 있습니다.

그렇게 이주해 살아남은 아프리카계 흑인들의 후손이

현재 카리브해 국가들 주민의 67퍼센트를 차지한답니다.
아이티, 자메이카, 도미니카의 경우 90퍼센트가 넘죠. 또
미국 인구의 약 12퍼센트가, 브라질 인구의 약 8퍼센트가
아프리카 흑인의 후손이라고 합니다.[5] 이렇듯 노예 무역
은 아프리카뿐 아니라 아메리카 대륙 나라들에도 미친 영
향이 지대합니다.

케이프코스트 성에 가 보니

가나에 가면 케이프코스트 성이라는 곳이 있어요. 수많은
아프리카계 아메리카인들의 영적 고향과도 같은 곳이지요.
워낙 유서 깊은 곳이라 유네스코 세계 문화유산으로도 지
정되어 있습니다.

이 성은 17세기 중반에 지어졌어요. 지상 공간에는 이
지역을 다스리는 유럽 출신 행정관과 그 가족들이 살았지
요. 그리고 지하 공간은 오랫동안 노예 무역을 위한 '인간
창고'처럼 쓰였습니다. 그러니까 이 성은 당시 가나뿐 아
니라 주변 지역에서 잡혀 온 아프리카 사람들이 마지막으
로 밟은 아프리카 땅인 셈이에요. 그런 만큼 무역선 안의

가혹한 환경과 마음의 고통으로 바다에서 죽어 간 많은 사람의 한이 서린 곳이기도 합니다. 그런 이유로 이 성은 아프리카 대륙에서 범아프리카주의의 중심 역할을 했던 가나의 자랑스러운 역사와 맞물려, 수많은 '뿌리 뽑힌' 사람들의 향수를 자극하는 곳이 되었습니다.

저도 가나에 살 때 이곳을 방문한 적이 있어요. 어두운 지하 감옥으로 내려갔을 때는 바닥에 남아 있는 더께에서 노예가 되어 버린 자유인들의 한 섞인 고함 소리가 들리는 것만 같았어요. 사실 이 성이 있는 도시, 케이프코스트는 관광객이 모여드는 흥겨운 바다 마을이에요. 하지만 저는 이 성을 한번 둘러보고는 차마 그 흥겨움을 온전히 즐기지 못하고 집으로 돌아와 이런 일기를 쓸 수밖에 없었습니다.

"빛도 안 들어오고 환풍, 수도 시설도 제대로 안 된 곳에 몇백, 몇천 명의 사람을 모아 두고 몇십 일 동안 가둔다. 공포와 좌절로 심리적으로 위축된 사람들을 배에 태워서 다시 돌아올 수 없는 곳으로 보내 버린다. 몇백 년 전의 역사는 그렇게 잔인했지만, 바다는 계속해서 밀려 들어오고 밀려 나간다. 평화로운 해변 마을의 분위기를 만들면서."

서아프리카를 여행할 때는 베냉 해변 도시들에도 찾아

간 적이 있어요. 이곳 해안들은 과거 노예 해안으로 불렸던 만큼, 그때의 역사를 기억하고자 만든 기념물이 많이 있었습니다. 예를 들어 베냉의 행정 수도인 포르토 누보에는 다실바 박물관Musée da Silva이 있어요. 이곳은 원래 19세기 브라질인 노예 무역상인 프란시스코 펠릭스 드수자의 집이었는데 지금은 아프리카와 브라질 간 문화와 예술을 보존하고 전시하는 데 쓰이고 있습니다.

그렇게 포르토 누보를 거쳐 과거 노예 무역의 중심이었던 우이다 지역에도 갔어요. 우이다에서는 역사 박물관 가이드의 제안으로 오토바이를 타고 노예 무역의 길을 되짚어 보았어요. 마을 곳곳에는 예속되었던 사람들의 동상이 세워져 있었고, 대서양을 바라보는 곳에는 유네스코에서 세워 준 애도의 비와 '돌아올 수 없는 문'이 만들어져 있었습니다. '돌아올 수 없는 문' 앞에는 커다란 나무가 한 그루 서 있었는데, 과거 노예로 팔려 가게 된 사람들이 하나의 의례처럼 그 나무를 빙빙 돌며 자신들의 운명을 슬퍼했다고 해요. 역사가 아프리카인들에게 너무나 잔혹했다는 생각이 들 수밖에 없었던 여행이었지요.

노예 무역은 끝나지만

다행인지 불행인지, 18세기 말부터는 영국에 산업 혁명이 일어나면서 노예를 활용하는 산업은 효용을 잃어 갔습니다. 이제는 의식주를 다 주면서 강제로 부려야 하는 노예보다는 생산된 물건을 사는 소비자이자 월급을 받으며 일할 노동자인 사람들이 더 필요해졌지요. 그뿐만 아니라 대량 생산된 물건을 판매할 시장이 커질 필요도 있었어요. 그러면서 아프리카 대륙은 이제 자원과 노동력을 제공하고 생산품을 소비하는 시장이 되어 갑니다.

노동력 제공처로서 또 시장으로서, 아프리카 대륙의 가능성을 본 유럽 국가들은 앞다투어 이 대륙에서 '땅따먹기'를 시작했습니다. 벨기에, 독일, 스페인, 프랑스, 영국, 이탈리아, 포르투갈 등이 아프리카 각 지역을 독점적으로 지배하고 수탈할 권리를 나눠 가지기 위해 1884년, 베를린 회담을 열어요. 영국은 주로 이집트, 케냐, 남아프리카 공화국 같은 동남부 아프리카를, 프랑스는 코트디부아르, 말리, 알제리 같은 서북부 아프리카를 찜하지요. 벨기에는 아프리카 중부의 콩고 민주 공화국을, 포르투갈은 모잠비크, 앙골라와 카보베르데 같은 해안과 섬 지역을 칼로 썰

듯 나누어 가져가 버립니다. 이때 나뉜 이권 지역들이 바로 오늘날 대부분 아프리카의 국경이 되죠. 아프리카 국경이 서구 강대국들의 입맛대로 결정된 거예요.

국경이 이렇게 그어지다 보니 아프리카의 국경을 자세히 보면 민족이나 사회, 자연적 구분을 따르지 않은 경우가 많습니다. 감비아는 마치 세네갈이 대서양을 향해 벌리고 있는 입 같지요. 콩고 민주 공화국의 바닷가에는 앙골라 본토와 분리된 앙골라 영토인 카빈다가 있죠. 그리고 나미비아는 사다리꼴 영토에서 나온 좁고 길쭉한 땅덩어리가 내륙으로 뻗어 있습니다. 어딘가 자연스럽지 않아요.

국경 이야기를 하자니, 토고를 여행할 때 있었던 일이 떠오르네요. 당시 저는 푸르른 들판이 펼쳐진 토고 북부에서 오토바이 택시를 타고 베냉의 북부 도시 나티팅구로 향했습니다. 그렇게 오토바이로 국경을 넘었는데 그곳에는 어떠한 국경 사무소도 없었어요! 그저 그곳에서 살아가는 사람들과 풀을 뜯는 염소들의 목가적인 풍경만 가득했지요.

그렇게 나티팅구에 도착한 저는, 베냉에 입국하는 데 어떠한 입국 도장도, 비자도 받지 않은 상태였기에 혹시 출국할 때 문제가 될까 걱정이 들었어요. 그래서 제 발로 관공서에 찾아가 불법 입국(?)을 고백했습니다. 그리고 입

국 도장을 받았어요. 사소한 경험이었지만, 아프리카 국가
에서는 때로 국경이 큰 의미가 없다는 것을 몸소 느꼈지요.

독립으로 나아가다

국경이 이상하게 결정된 후, 많은 아프리카 사람은 살아온
터전을 빼앗기고, 너나없던 이웃들이 서먹한 남이 되는 상
황에 처해요. 또 외래 문화와 종교가 들어오면서 오랫동안
유지해 온 전통이 무너지고 가치관이 흔들리는 혼란스러운
상황도 맞이하게 되죠.

　나이지리아 출신의 세계적인 작가, 치누아 아체베는 이
때의 모습을 그의 작품《모든 것이 산산이 부서지다》를
통해 그려 냅니다. 이 소설에서 작가는 백인들이 주인공
오콩코의 마을에 교회와 재판소를 세운 뒤 전통 신앙을 미
신으로 치부하고, 전에 알지 못했던 새로운 규칙으로 마을
사람들을 재판대에 올려 심판한 후 가두거나 벌을 내리는
장면을 생생하게 그려 냈지요.

　이런 억울한 상황이 실제로 아프리카에서 많이 벌어
졌고, 그에 저항해 많은 민중이 일어나 싸웠습니다. 특히

20세기에 두 차례 일어난 세계 대전은 식민지 민중들이 민족의식을 싹틔우는 중요한 계기였어요. 많은 아프리카 사람이 이를 기점으로 독립 운동으로 나아갑니다.

아프리카에서 가장 먼저 민족주의 운동이 일어난 곳은 북아프리카 지역이에요. 주로 프랑스의 지배를 받은 이 지역에서는 각종 사회적 차별과 격차로 인해 프랑스를 향한 분노가 커졌어요. 그것이 나타난 대표적인 사건이 알제리에서 일어난 무장 투쟁입니다. 스페인, 독일, 이탈리아 등 여러 나라가 분할 통치했던 모로코와 튀니지 등과 달리, 알제리는 프랑스가 독점적으로 식민 통치를 하여 그 차별과 억압이 더 심했습니다. 그래서 1954년, 알제리의 민족 해방 전선과 프랑스 사이에 전쟁이 일어나게 되죠. 양쪽 모두에게 극도로 잔인한 전쟁이었지요. 이 전쟁은 최소 9만 명에서 최대 35만 명에 달하는 사망자를 낸 후에야❻ 1962년, 양측이 협상 끝에 알제리의 독립을 승인하면서 막을 내립니다.

비슷한 시기, 케냐에서도 독립 운동인 마우마우 운동이 일어납니다. 제2차 세계 대전이 발발했을 때 영국령 동아프리카, 즉 오늘날의 케냐에서 무려 105만 명에 달하는 아프리카계 군인들이 강제로 전쟁에 투입됩니다. 그때 아프리카 사람들은 충격적인 경험을 하죠. 식민 통치를 통해 쌓여 온 백인 우위의 세계관이 깨지는 겁니다. "신의 대리인처럼 고상하게 굴던"[7] 백인들도 단지 살기 위해 발버둥 치는 같은 인간일 뿐임을 깨닫게 되지요. 또한 전쟁이 끝나고 귀국한 케냐 사람들은 자신들의 희생이 정당하게 대우받기를 바랍니다. 하지만 보상도 위로도 없는 현실에, 백인들은 원래 자신들의 것이었던 땅과 자유를 빼앗은 도둑임을 깨닫죠.

그래서 케냐의 주요 민족 중 하나인 기쿠유 사람들을 중심으로 '마우마우'라고 부르는 비밀 결사가 생겨납니다. 그들은 백인 우선 정책과 토지 몰수 정책에 항의하여 영국인과, 영국에 협력하는 케냐인들을 공격 대상으로 삼습니다. 영국 입장에서는 적이 어디 있을지 모르는 전선 없는 싸움이기에 더 두려웠을 테죠. 그래서 영국은 어떤 식민지에서도 하지 않았던 폭력적인 방법으로 이를 진압합니다. 민간인을 대상으로 고문과 감금, 학살을 벌이는 '강제 수용소'를 운영하는 지경에 이르러요. 마우마우의 활동이 가장 격렬했던 1952년부터 1954년까지 영국 추산 1만 1천여 명, 케냐 정부 추산 9만여 명의 사상자를 냅니다. 이때 마우마우의 손에 살해당한 백인 민간인은 32명[8]뿐이었다고 하네요.

이렇게 잔인한 시기를 잘 보여 주는 소설이 있습니다. 베벌리 나이두의 《나는 한번이라도 뜨거웠을까》예요. 소설에서 케냐 소년 '무고'는 백인 농장의 하인으로 지내고 있어요. 농장주 아들 '매슈'와는 친하게 지내죠. 어느 날 무고와 그 가족들은, 매슈의 실수로 일어난 화재 사건으로 마우마우로 의심받고 황폐한 '보호 구역'으로 쫓겨나게 돼요. 매슈는 무고와의 우정을 지키기 위해 끝까지 노력하지만, 둘의 만남은 이루어지지 않아요. 그리고 무고의 마음속에는 '음준구'(외국인을 뜻하는 스와힐리어)를 향한 분노의 불길만이 남죠.

이해할 수 없는 이별의 상황이 어린아이의 시각으로 쓰여 더욱 마음이 찡한 소설이에요. 이 상황을 어른이 되면 이해할 수 있게 된다는 어른의 말에, 매슈는 "지금 이해할 수 없는데, 나중에는 어떻게 이해할 수 있게 될까?"[9]라고 독백합니다. 아프리카의 복잡다단한 역사 속에서 개인이 느끼는 혼란과 갈등을 보여 주는 대목이지요.

그런 투쟁을 통해 1950년대 북아프리카에서부터 독립의 바람이 불기 시작하여 많은 아프리카 국가가 1960년대에 독립을 이루어 냅니다. 사하라 이남 아프리카에서는 1957년 가나에서 시작해서 1960년에는 무려 17개국이 독립하지요. 그래서 1960년은 '아프리카의 해'라고 불립니다.

앙골라 초대 대통령이자 시인이었던 안토니우 아고스티뉴 네투의 시 〈동등한 목소리로〉의 한 대목을 소개할게요. 이 시는 아프리카 독립 당시 아프리카인들이 품었던 희망과 꿈을 잘 보여 줍니다.

영웅적이고 활기찬 민족

다른 민족이 사라진 곳에서

역사를 넘는 생명력을 가진

유럽을 먹이고 아메리카에 리듬을 준

신과 경기장의 민첩성을 지닌

과학과 예술을 빛낸

검은 민중

창백하고 허망한 슬픔의 영혼을 가진 익명의 사람들

이제 우리의 조국을 건설한다[10]

4
아파르트헤이트, 차별의 기억

뜨거운 사건

아프리카 하면 남아프리카 공화국의 아파르트헤이트를 먼저 떠올리는 사람들이 꽤 있습니다. 20세기 말에 전 세계적으로 화제가 되었던 뜨거운 사건이었거든요. 아파르트헤이트 자체로도 큰 문제였지만, 사람들의 이목을 끈 것은 그 문제를 해결해 가는 과정이었어요. 아프리카의 오늘을 이해하는 데에 도움이 되도록, 아파르트헤이트 이야기를 해 보려고 합니다.

아파르트헤이트는 원래 분리, 격리를 뜻하는 아프리칸 스어예요. 20세기 중 후반, 남아프리카 공화국에서 인간을 백인, 혼혈(컬러드), 인도인, 흑인으로 분류하여 차별한 일을 가리키지요. 참고로 아프리칸스어는 네덜란드계 백인들의 영향을 받은 언어로, 남아공의 공용어 중 하나랍니다.

인종을 이유로 차별하는 것도 나쁘지만, 남아공의 인종 구분 자체도 매우 억지스러웠어요. 대표적인 것이 연필 테스트인데요, 겉으로 보아서 인종을 구분하기 힘들면 머리카락에 연필을 끼우게 합니다. 그리고 바로 떨어지면 백인, 떨어지지 않으면 흑인으로 분류했어요. 흑인들의 머리카락은 곱슬하고 뻣뻣한 편이라는 데에 착안해서 이런 얼토당토않은 테스트를 만들어 낸 것이지요. 억지는 거기에서 그치지 않아요. 일본인은 백인, 중국인은 흑인으로 분류했습니다. 같은 아시아인인데, 일본과의 관계는 호의적이었다는 이유로 이렇게 분류한 거예요.

네덜란드 사람들, 남아공에 도착하다

아파르트헤이트의 뿌리는 17세기 중반, 네덜란드의 얀 반

리베이크가 정착촌 건설을 목적으로 현재의 남아공 케이프타운에 도착한 시기로 거슬러 갑니다.

네덜란드는 당시 다른 서유럽 국가들이 그러했듯, 인도와 동남아시아 지역으로 가는 아프리카 해안 무역로를 이용했는데 그때 케이프타운을 중간 보급 기지로 삼고자 합니다. 당시 네덜란드 북부에 스페인이 침략해서 약탈과 탄압을 하고 있었기 때문에 새로운 정착지를 찾을 필요도 있었어요. 그렇게 네덜란드인들은 여러 이유로 케이프타운으로 오게 됩니다. 그러면서 남아프리카 공화국의 넓은 지역에 네덜란드인들이 많이 살게 되었어요. 케이프타운에 먼저 온 네덜란드인과 그 후손들은 보어인이라고 불렸습니다. 네덜란드어로 '농부'를 뜻하는 말이지요.

그런데 18세기 들어 영국이 남아공에 눈독을 들이기 시작했어요. 영국으로서도 남아프리카 지역은 당시 커다란 이익을 얻고 있던 인도와의 해상 교류에 중요한 곳이었거든요. 영국 같은 '외국' 세력이 커지자 네덜란드인들은 자신들이야말로 진정한 아프리카인이라는 정체성을 새로 형성합니다. 스스로 '아프리카너'라고 불러요. 그리고 남아공 서부 지역을 떠나 '하느님이 약속하신' 새로운 땅을 찾아 동부 지역으로 긴 여행을 떠나요. 이 과정에서 코이코이인, 줄루인

등 현지 선주민들과 충돌하는 갈등이 있었지만, 그래도 현재의 남아공 동북부 지방에 1852년과 1853년에 트란스발 공화국과 오렌지 자유국을 세워 정착합니다. 오렌지라는 말은 네덜란드 왕가의 이름(네덜란드어로는 오라녜)에서 따왔죠. 트란스발은 '발Vaal강 너머'라는 뜻이고요.

그래도 네덜란드와 영국의 충돌은 피할 수 없었어요. 영국이 아프리카 종단 정책을 추진하면서 둘은 부딪히게 되고, 결국 1880년에 보어 전쟁이 터집니다. 20여 년에 걸친 싸움 끝에 영국의 승리로 끝나면서 보어인들은 요하네스버그로 이주하게 되고, 그곳의 급격한 도시화 속에서 빈곤과 차별을 겪게 돼요.

보어인들은 자신들이 코이산인, 줄루인, 코사인 같은 선주민들보다 우월하다고 생각했는데, 그렇게 아래로 보던 사람들과 처지가 비슷해졌어요. 그러자 보어인들은 과격한 인종 분리를 하자고 목소리를 높이게 됩니다. '아프리카너'라는 정체성을 가진 백인들이 '감히 자신들과 섞일 수 없는' 흑인들과 자신들을 구분하기 위해 아파르트헤이트(분리)라는 개념을 만들어 낸 거예요. 이때만 해도 보어인들은 이 개념이 거의 한 세기 동안 남아공을 설명하는 단어가 될 줄은 몰랐을 거예요.

차별이 법이 되면서

1948년, 남아공에서 보어인 극단주의 정당인 국민당이 정권을 잡으면서 아파르트헤이트는 제도로 자리 잡게 됩니다. 생활 속 규칙 정도였던 아파르트헤이트가 아예 법으로 만들어진 거죠. 그 법의 내용을 몇 가지 살펴볼까요?

- 아프리카인(흑인)이 우체국의 백인 전용 창구에 서는 행위는 형사 범죄에 해당하며 5년 징역형과 태형 10대에 처해질 수 있다.
- 백인과 흑인 간의 결혼은 금지된다.
- 경찰은 유색인이 있는지 확인하기 위해 아무 때나 어떤 주거지라도 침입할 권리가 있다.
- 거주 지역은 특정 인종만이 거주하고 일할 수 있게 분리되어야 한다. 한 인종 그룹의 구성원이 다른 인종 지역에서 거주하거나 토지를 소유하는 것은 형사 범죄가 된다.

이 중 마지막 조항을 실현하기 위해 국민당 정권은 아예 전국에 '홈 랜드'를 만들어 냅니다. 홈 랜드란 흑인 인구를 분리하기 위해 할당된 작은 자치구예요. 그런데 홈 랜드에 할당된 면적이 국토의 13퍼센트밖에 되지 않았습니다. 남아공 인구의 80퍼센트 이상이 흑인인데 말이에요![1]

게다가 홈 랜드의 땅은 척박했을 뿐 아니라, 사는 데 필요한 도시 인프라가 거의 갖추어지지 않았어요. 홈 랜드에 사는 사람들은 먹고살기 위해 여권 역할을 하는 신분증을 가지고 먼 도시로 일하러 가야 했지요. 이 신분증은 '바보들의 통과증Dumb Pass'이라고 불렸습니다.

어쩔 수 없이 도시로 가야 했지만, 그 도시에는 흑인을 위한 화장실도, 상점도, 편의 시설도, 대중교통도 없었죠. 도시에 나간 흑인들은 화장실을 이용하려면 10킬로미터도 더 떨어진 흑인 구역으로 돌아가야 했습니다. 아파르트헤이트가 얼마나 불합리하고 억울한 일이었는지 이것만 보아도 알 수 있지요.

그 속에서도 아름다운 풍경은 있었어요. 케이프타운의 저소득층 거주 지역, 디스트릭트 식스가 특히 유명해요. 이 지역은 케이프타운 항구와 가까워 네덜란드가 말레이 지역에서 데려온 노동자와 노예, 영국이 인도 지역에서 데리고 온 노동자와 노예, 그리고 혼혈 등 다양한 사람이 모여 살았어요. 이곳에서만큼은 인종에 상관없이 서로 동등하게 어우러졌습니다. 아파르트헤이트의 역사를 쓴 프랑스 작가 도미니크 라피에르가 이 지역을 "가난이 모든 차이를 지워 버린 진정한 관용과 사해 동포주의의 작은 섬"[2]이라고 표현할 정도로요.

의미 있는 사건도 있었어요. 이 지역의 사랑방 역할을 했던 허름한 카페 주인 바나바스 잔지바리와 문신 시술사 아폴론 데이비슨, 이발사 살로몬 투투는 동네의 조그만 광장에 '다인종 소변소'를 엽니다. 그리고 이렇게 연설합니다.

"오늘 우리가 개장하는 것은 단순한 남자 화장실이 아니라 훨씬 의미가 큰 어떤 것입니다. 바로 모든 인종, 모든 피부색의 남자들이 함께 자연적인 욕구를 만족시킬 수 있는 장소입니다. 이 지붕 아래서 더 이상 흑인도 혼혈인도 인도인도 백인도 없을 것입니다. 나란히 서서 인종 간의 평화와 화합의 한순간을 함께 맛보는 하나님의 피조물들만이 있게 될 것입니다." (중략)

이때 군중 가운데 한 사람이 한 손을 쳐들었다.

"형제! 그런데 이 변소가 인종 분리를 위한 금지 조항을 위반했다고 정부가 냉큼 달려와 이곳을 폐쇄하려 들지는 않겠소?"

잔지바리는 안심시키는 미소를 지어 보였다.

"현재 이 나라의 인종법은 공공장소에만 적용되고 있어요. 그런데 소변소는 엄밀히 말해서 공공장소가 아니죠. 왜냐하면 소변소의 이용은 개인적인 성격을 지니고 있으니까요. 이것을 금지하려면 하나님이 원하시는 어떤 자연적 행위를 불법화하는 특별법을 표결해야 할 것입니다."[3]

정말 용기 있는 발언이지요?

오늘날 디스트릭트 식스 지역에는 이때의 일을 기억하고 문화를 보존하기 위한 박물관이 있어요. 실제로 박물관에 가 보면 옛 골목골목과 마을 사람들이 살던 집의 위치가 표시된 마을 지도가 바닥을 채우고, 사라진 거리 이름이 쓰인 표지판이 허공에서 과거의 기억을 기립니다. 제가 2019년경 아프리카 여행 팀 인솔차 이곳에 방문했을 때도, 과거를 기억하는 해설사가 자신이 살았던 지역의 추억을 되짚으며 박물관을 안내했어요. 역사에 자부심을 갖고 박물관을 소개하던 모습이 꽤나 인상적이었습니다.

만델라, 진실과 화해를 찾아

남아공 출신 백인 작가 나딘 고디머는 소설 《거짓의 날들》에서 아파르트헤이트라는 비합리의 역사를 고발합니다. 이 소설에서는 1940년대 남아프리카 광산촌의 백인 중산층 가정에서 자란 소녀 헬렌의 눈으로 세상을 봅니다. 헬렌은 자신을 둘러싼 구조가 무언가 부조리함을 느끼죠. 부모의 품을 벗어나 더 많은 세계를 만나고 사람들과 교류하면서 헬렌은 현실을 더 명확히 알게 돼요. 책의 말미에서 헬렌은 이런 이야기를 해요. 백인들도 그들을 둘러싼 사회 문제에 눈을 감으면 안 된다는 깨달음에서 비롯된 말이죠.

> "어떤 점에서 보면 현재 남아프리카에서는 행복하면 안 된다는 말이 맞을지도 몰라. 죄의식이란 개인의 삶과 타협할 수는 있지만 더 큰 외적 문제들에 대해서는 타협할 수 없다는 데서 생기잖아. 그것은 사람들이 묻힌 아름다운 묘지 위에서 소풍을 즐기는 것과 같아."[4]

아파르트헤이트는 1994년, 흑인 대통령 넬슨 만델라가 집권하면서 막을 내렸어요. 만델라의 집권은 그 자체로 하나의 상징적인 사건이었지요.

만델라는 당선 이후, 아파르트헤이트가 낳은 문제들을 수습하고 상처를 치유할 막중한 임무를 맞이했어요. 그래서 진실과 화해 위원회Truth and Reconciliation Commission, TRC를 세웁니다. 폭력과 복수는 또 다른 폭력과 복수를 낳을 것이니, 진상을 밝히되 진실한 사과와 용서의 장을 열어 과거가 아닌 미래로 나아가고자 한 것이 진실과 화해 위원회의 목표였습니다.

진실과 화해 위원회는 인권 침해 위원회, 보상 및 명예 회복 위원회, 사면 위원회 등 총 3개 위원회를 아래에 두고 인권 침해 사례를 조사한 후 보상과 명예 회복을 위해 희생자, 가족 및 공동체를 지원했죠. 또한 피해자가 진심으로 가해자를 용서하고 더 큰 갈등을 막기 위하여 사면을 검토하기도 했어요. 진실과 화해 위원회의 활동은 사회적 갈등을 수습하는 좋은 사례로 세계인들의 주목을 받았습니다.

안타깝게도 아파르트헤이트가 끝나고 30년 가까이 된 지금도 여전히, 남아공에 여행을 가면 사회가 불안정하다는 느낌이 들어요. 비록 법적으로는 차별이 사라졌다지만, 흑인과 백인의 거주 지역은 꽤나 분리되어 있지요. 고급 식당에 가 보면 여유롭게 식사하는 이들은 백인, 식사를 나르는 이들은 흑인인 경우가 많죠. 일자리가 없어 생계를 제대로 잇지 못하는 이들도 많아서 길을 걷다 보면 많은 흑인이 저에게 다가와서 한 푼이라도 주기를 바라곤 합니다. 저는 남아공에서만큼은 먹을 것을 사 달라 하는 이들에게 빵과 우유를 사 주려 했습니다. 이 모든 것이 그들의 잘못만이 아님을 역사가 선명하게 알려 주니까요.

어떤 사람들은 흑인 때문에 남아공의 치안이 좋지 않다고 걱정하기도 합니다. 실제로 흑인들의 소매치기 사건이 자주 일어나요. 하지만 저는 친구들이나, 제가 인솔했던 여행객들에게 분명히 이야기하곤 했습니다. 이건 흑인들이 본래부터 나빠서가 아니라 흑인들의 모든 것을 뿌리부터 뽑아 버린 사회 구조와 역사 때문이라고요. 물론 언제까지나 역사를 탓할 수는 없겠죠. 하지만 극복 또한 각자의 속도대로 진행되어야 하며 우리는 그 속도를 존중해야 한다고 생각합니다.

바트만, 고향에 묻히다

마지막으로 인종주의 역사를 온 삶으로 증명해 내는 '호텐토트의 비너스' 사르키 바트만을 소개할게요.

사르키 바트만은 1789년에 오늘날의 남아프리카 공화국 지역에서 태어납니다. 서양이 '숲속의 미개한 사람들'이라 비하한 코이산 출신이죠. 바트만의 외모를 핑계로 과학자들은 바트만을 인간이 아니라고 여겼습니다. 당시 유럽에서는 이성의 힘과 인류의 진보를 믿는 계몽주의가 등장했는데, 이 계몽주의를 믿는 사람들은 유럽 문명이 모든 진보의 끝 단계에 있다고 여겼어요. 또한 야만부터 진보까지 위계질서를 세우면서 과학자는 물론 사회학자, 역사학자까지 나서서 가장 진보한 상태인 유럽의 반대편에 설 존재를 찾았습니다. 그렇게 찾아낸 것이 최초의 인류로 여겨지는 코이산인이었어요. 과학자들은 코이산 사람은 '인간이 되기 직전 상태의 존재'라고 간주했어요.

이 과학 인종주의로 인해 사르키 바트만은 하나의 상품이 되어 영국과 프랑스 등에서 '전시'됩니다. 유럽인 이외의 사람들을 다 열등하게 여긴 유럽 사람들은 사람을 전시하는 '사람 동물원'까지 만들었어요.

살아서 전시되는 수모를 당했던 바트만은 죽은 뒤에도 고향에 돌아가지 못해요. 200년 가까이 프랑스 파리의 인류 박물관 소장품으로 있어야 했지요. 그래서 바트만은 오랫동안 인종을 향한 폭력, 식민지에 대한 폭력 등 남아프리카 공화국이 해결해야 할 문제의 상징처럼 여겨졌습니다.

아파르트헤이트가 끝난 뒤 만델라 정부에서는 바트만의 유해 반환을 제1과제로 정했습니다. 하지만 바트만의 반환을 요구하자 프랑스는 거절해요. 한번 돌려주면, 제국주의 시절 식민지에서 빼앗아 간 많은 유물을 되돌려 달라는 다른 나라들의 요청이 쏟아질까 두려웠기 때문이지요. 난항을 겪던 협상은 2000년대 들어서야 귀환이 결정됩니다. 바트만은 사후 187년 만인 2002년에 비로소 고향 땅에 묻히지요. "사분오열된 예전의 남아공 인종 집단들이 서로 통합할 것을 주문하는 강력한 상징"**5**이 되어서요.

5
아프리카에서 꽃핀 문학들

이야기꾼이자 계보학자이자 예술가인

과거 아프리카에서는 문자가 크게 발달하지 않았어요. 물론 아주 없었던 것은 아니에요. 이집트의 상형 문자, 에티오피아의 암하라 문자, 오늘날 카메룬 지역에 존재했던 바문 왕국의 슈몸 문자 등이 있기는 했지요. 하지만 그 외 지역에서는 문자를 거의 쓰지 않았습니다. 왜일까요?

　이것을 덥고 습한 아프리카 기후와 관련하여 설명하는 이들이 있습니다. 종이는 이 기후에 적응하기에는 내구성이 약해요. 그러다 보니 종이를 발명해 쓰기보다 입에서 입으로 정보를 전달하는 방식을 선호했고, 기록을 남기더라도 큼지막하게 새길 수 있는 목각 부조나 문양을 통해 기록하게 되었다고요.

이유가 무엇이든 문자로 기록되지 않다 보니 수를 헤아릴 수 없는 많은 이야기가 구전되어 내려왔습니다. 특히 서아프리카에는 '그리오'라고 부르는 구전 예술가가 있어요. 그리오는 마을의 풍습, 설화, 민담, 전통 춤 등을 전해 주는 시인이자 이야기꾼이자 계보학자이자 예술가죠.

최근에는 이런 구전 예술가들의 이야기를 책으로 남기기도 해요. 현대 세네갈의 주요 구성원인 월로프인들의 그리오 '아마두 쿰바'가 전해 주는 옛이야기를 담은 책이 우리나라에도 번역되었어요. 바로 《아마두 쿰바의 옛이야기》입니다. 이 책은 원래 세네갈 시인이자 작가, 수의사,

---

구전 예술가를 부르는 다양한 이름

서아프리카의 구전 예술가를 부르는 그리오라는 명칭은 이 지역을 식민 지배한 프랑스인들이 붙인 이름입니다. 다른 명칭도 있어요. 말리에서는 디왈리, 세네갈에서는 게월이라고 부르는 등 지역마다 이름이 다양하죠.

외교관인 비라고 디오프가 1947년에 냈어요. 출간 당시 책의 인류학적, 문학적 가치를 인정받아 '프랑스령 서아프리카 문학 대상'을 수상하기도 했지요. 이 책에는 월로프 사람들의 문화와 풍습을 알려 줄 뿐 아니라 우화 형식으로 인간에게 보편적인 교훈을 주는 이야기들이 많습니다. 우리나라의 '혹부리 영감' 이야기처럼 혹을 정령에게 주어 버리는 이야기, '토끼의 재판'처럼 작은 동물이 꾀를 내어 큰 동물을 이기는 이야기 등 인간과 동물이 어우러진 민담으로 가득해요. 이슬람 문화 등도 담겨 있어 다소 생소한 소재도 있지만 주제는 대체로 누구나 공감할 만한 것이에요. 욕심 부리지 말고 선하게 살아야 한다는 내용, 가족 사랑 등 인류가 공통적으로 가치 있게 생각하는 것들이지요. 그래서 출간 이후 70년이 지난 오늘날까지도 그 이야기에서 시간의 틈이 별로 느껴지지 않습니다.

한편 세네갈과 이웃한 가나에서는 거미 아난시의 이야기가 전해옵니다. 거미의 모습을 한 신 아난시는 꾀 많고 재치 있으면서도 약간은 얄밉고 이기적인 성격으로, 가나의 아칸 사람들에게 인기 있는 민담의 주인공이에요. 서아프리카에서 많은 사람이 노예가 되어 카리브해의 섬 지역들과 아메리카 대륙에서 억압당했기 때문에, 특유의 꾀바

른 아난시는 노예 저항과 생존의 상징으로 여겨지며 구전
되기도 했어요. 우리나라에서도 아난시 이야기를 아동 문
학으로 만나 볼 수 있습니다.

구전 문학에서 기록 문학으로

이렇게 풍성한 구전 전통을 가진 아프리카지만, 오늘날에는
많은 아프리카 작가가 기록 문학계에서 활약하고 있어요.
아프리카 문학이 구전 문학에서 기록 문학으로 확장된 데에
는 나이지리아 작가 아모스 투투올라와 콩고 작가 알랭 마
방쿠 등의 역할이 컸어요. 이 두 사람을 먼저 소개할게요.

아모스 투투올라는 1952년에 출판한 최초의 아프리카
소설 《야자열매술꾼》에서 나이지리아의 주요 민족인 요루
바인들의 민담을 한가득 담아내요. 자기 자신을 "이 세상
에서 할 수 없는 일이란 하나도 없는 신들의 아버지"[1]라고
일컫는 야자 열매 술꾼이 술 시중 들던 죽은 하인의 영혼
을 찾기 위해 여기저기 떠도는 이야기지요. 그 속에는 유
쾌한 요루바 민담이 담겨 있어요. 작가 투투올라는 집안이
가난하여 고등 교육을 받지 못했는데, 어느 날 한 잡지사

에서 요루바 민담을 모집한다는 광고를 보고는 자신이 꽤 괜찮은 이야기꾼이라는 사실을 깨닫고 이틀 만에 이 소설을 썼다고 해요.

한편 알랭 마방쿠는 《아프리카 술집, 외상은 어림없지》에서 '외상은 어림없지'라는 이름의 술집을 오가는 사람들의 인생 이야기를 담아내요. 찰리 채플린의 말을 빌려 "가까이서 보면 비극적이지만, 또 멀리서 보면 희극적"인 동네 사람들의 이야기를 써 내려갔는데 사실 현지에서는 너무나 흔하게 입에서 입으로 전해져 내려오던 것이래요. 그렇다 보니 누구도 새삼스럽게 그것을 글로 남길 필요를 느끼지 못했지요. 이런 이야기가 문학이 될 거라고 생각하지 못한 거예요. 그래서 이 책은 "단 한 개의 마침표도 없고 느낌표나 물음표도 없으며 문단도 나누지 않고 대문자로 문장을 시작하지도 않"[2]아요.

이렇게 기록된 이야기들은 아프리카 문학사에서 중요한 자리를 차지하게 됩니다.

모국어냐, 식민 본국의 언어냐

아프리카의 현대 문학은 나이지리아 출신 치누아 아체베가 이끕니다. 아체베는 아프리카 현대 문학의 아버지라고 불려요. 《모든 것이 산산이 부서지다》(1958) 《더 이상 평안은 없다》(1960) 《신의 화살》(1964) 《사바나의 개미 언덕》(1987) 등 다양한 작품을 써 내는데 이 작품들은 대체로 19세기 말부터 20세기 말까지의 시대를 다루어요. 즉 영국이 나이지리아에 침입하기 시작한 때부터 식민 통치를 하던 시기, 그리고 독립 운동을 하는 시기와 독립 이후 민족 국가를 세운 시기까지 두루 다루지요. 어떻게 보면 문학이라는 수단으로 역사를 썼다고도 할 수 있겠네요. 이 작품들에도 나이지리아, 특히 이보 사람들의 민담과 전통이 가득하지요. 또 작가는 제국주의만 탓하지 않고, 고쳐야 했던 내부의 악습에 대해서도 균형 있게 성찰합니다.

아체베는 아프리카 문학에서 언어 사용을 두고 케냐 작가인 응구기 와 시옹오와 논쟁을 벌인 적이 있어요. 아프리카의 언어는 말씀드렸듯 2천 개가 넘는데, 사실 문학의 시장성과 확장성을 생각하면 각 민족의 언어가 아닌, 영어나 프랑스어 같은 제국주의 공용어를 사용하는 것이 유리해요. 모국어냐 식민 본국의 언어냐, 아프리카 작가들이 빠질 수밖에 없는 딜레마죠.

응구기 와 시옹오는 자신들의 문학과 언어가 민중에게 닿아야 한다고 생각합니다. 그러자면 민중이 쓰는 언어로 작품을 써야 한다고 여기지요. 즉 시옹오는 언어가 중요한 문화 정체성을 형성하므로, 정신이 식민화에서 벗어나려면 언어 또한 식민화에서 벗어나야 한다는 입장이었어요. 반면 아체베는 언어는 많은 독자와 소통하기 위해 사용하는 수단에 불과하다는 입장이었습니다. 모두 일리가 있지요?

실제로 시옹오는《십자가 위의 악마》를 기쿠유어로 씁니다. 이 책은 식민 시기 이후 발생한 케냐, 나아가 아프리카의 사회 모순과 갈등을 해학과 풍자로 드러낸 작품입니다.

기쿠유어는 케냐에서도 20퍼센트 미만의 인구가 쓰는 언어예요. 그 수가 800만 명이 채 되지 않는다고 하지요[3] 이미 전 세계에 영어 독자가 있는 시옹오가 기쿠유인들을 위한 문학을 선사한 거죠. 기쿠유어로 쓴 최초의 현대 소설이라는 점에서 그의 소설이 지니는 문학적 의미, 아프리카 문화사에서 가지는 의미는 가치를 따질 수 없을 정도입니다.

이 외에도 세계적인 아프리카인 작가들이 있습니다.

《십자가 위의 악마》와 관련하여 재미있는 사실이 하나 더 있습니다. 이 책은 응구기 와 시옹오가 케냐 지배층을 풍자한 희곡을 썼다는 이유로 감옥에 투옥되었을 때 휴지에 써 내려간 것이라고 해요. 그런데 이 작품을 쓰는 데 영향을 준 작품이 우리나라 시인 김지하의《오적》이라고 하지요. 실제로 작품을 보면《오적》에 나타난 우리나라 전통 운문 양식인 타령, 판소리 등의 형식적 특징이 있는 것을 알 수 있습니다.

아프리카의 현대 작가들

아프리카인 최초로 노벨 문학상을 수상한 이는 월레 소잉카입니다. 1986년의 일이죠. 나이지리아 출신인 소잉카는 소설, 시, 에세이 등 다양한 장르의 작품을 발표했지만 가장 많이 창작한 것은 희곡입니다.

우리나라에서 만나 볼 수 있는 그의 희곡으로는《제로 형제의 시련》이 있어요. 이 작품에서 주인공 '제로 보암'은 자신을 믿고 따르는 신도들을 '고객'이라고 부르며, 사리사욕을 채우느라 바쁜 종교인이에요. 하지만 그에 현혹된 사람들은 제로 형제를 믿고 따르며 그들을 신의 현신으로 여기기도 하죠. 이 짧고 가볍고 재밌는 희곡을 통해 월레 소잉카는 독립 이후 나이지리아 지도자들의 모습을 희화화했어요. 부패하고 사욕만 추구하는 엘리트는 우리나라에서도 볼 수 있죠. 보편적인 교훈을 얻을 수 있는 작품입니다.

1988년에는 이집트의 나기브 마푸즈가 노벨 문학상을 받는데요, 지금까지도 마푸즈는 아랍어권 작가로서 유일한 노벨 문학상 수상자입니다. 앞서 이야기했듯이, 사하라 이남 아프리카만을 아프리카로 좁게 칭하는 관습에 따라 그를 아프리카 문학 작가로 다루지 않는 학자들도 있지만요. 또 1991년과 2003년에는 남아프리카 공화국의 두 작가, 나딘 고디머와 존 쿳시가 노벨 문학상을 받았습니다.

2021년은 아프리카 작가들이 세계 문학상을 휩쓴 해였어요. 노벨 문학상, 영어로 쓰인 소설 중 가장 뛰어난 작품을 뽑는 영국의 부커상, 그리고 프랑스 문학상인 공쿠르상이 세계 3대 문학상으로 불리는데 이 모두를 아프리카 작가들이 석권했거든요. 그해 10월, 탄자니아 출신 압둘라자크 구르나가 노벨 문학상을 수상한 이후 남아프리카 공화국 출신인 데이먼 갤컷, 세네갈 출신인 모하메드 음부가르 사르가 각각 부커상과 공쿠르상 수상자로 선정되면서 아프리카 문학이 주목을 받았습니다.

압둘라자크 구르나는 탄자니아의 잔지바르섬 출신인데

요, 이 섬은 원래 인도양 해상 무역을 통해 아시아, 중동, 아프리카의 문화가 교류되어 특유의 혼종 문화가 나타나는 곳입니다. 그리고 구르나는 아랍인이자 이슬람교인이지요. 그래서 1960년대 아프리카 여러 나라가 독립하면서 흑인 민족주의 흐름이 나타날 때 구르나는 그 영향으로 잔지바르를 떠나요. 그러니까 그는 아프리카인이면서도 아프리카인이 아니고, 영국에 살면서도 온전히 영국인이 될 수 없는 경계인의 삶을 살 수밖에 없었어요. 그래서 그의 작품에는 스웨덴 왕립 아카데미의 표현을 빌리면 "문화와 대륙 간 차이에 놓인 난민의 운명과 식민주의의 영향을 통찰하는 단호하고도 연민 어린 시선"[4]이 나타나 있습니다.

데이먼 갤것은 《약속》이라는 작품으로 상을 받았는데, 이 작품은 남아공의 행정 수도 프리토리아를 배경으로, 아파르트헤이트 이후 백인 가정의 몰락을 그린 작품입니다. 또 모하메드 음부가르 사르의 수상작 《인간들의 가장 은밀한 기억》은 천재로 추앙받았지만 표절 논란에 휩싸여 전 사회적인 스캔들 속에서 사라져 간 작가의 흔적을 찾는 세네갈 청년 작가의 이야기를 담습니다. 흥미로운 이야기 속에서 문학의 본질을 탐구하고 성찰하는 작품이에요.

진지함이 다는 아니다, 흥미진진 추리 소설들

아프리카 작가들이 무겁고 진지한 이야기만 쓰는 것은 아니에요. 셜록 홈스 시리즈같이 흥미진진한 추리 소설도 많답니다. 대표적으로 음마 라모츠웨가 등장하는 보츠와나 작품이 있어요. 참고로 '음마'는 보츠와나 사람들의 말인 츠와나어로 여성의 이름 앞에 붙이는 경칭입니다.

음마 라모츠웨는 '넘버원 여탐정 에이전시'의 탐정이에요. 보츠와나의 수도 가보로네에 있는 크갈레 산기슭에 탐정 사무소를 차린 음마 라모츠웨는 일상에서 벌어질 법한 소소한 사건들을 속도감 있게 해결해 나갑니다. '넘버원 여탐정 에이전시'라는 제목으로 시작되는 음마 라모츠웨 시리즈는 꾸준히 출간되어 2020년까지 21편이 되었네요. 미국, 영국에서도 인기를 끌어 TV 시리즈로 제작되기도 했습니다.

보츠와나와 국경을 맞대고 있는 나라, 남아프리카 공화국에는 사설 탐정 판 헤이르던이 있습니다. 남아공 출신 스릴러의 거장 디온 메이어가 창조해 낸 인물이에요. 디온 메이어는 미국, 독일, 스웨덴, 프랑스 등 여러 나라에서 19개 문학상을 석권한 유명 작가랍니다. 그의 작품으로,

판 헤이르던이 나오는《오리온》뿐 아니라《프로테우스》
《13시간》등이 있습니다. 이 작품들은 남아공을 배경으로
한 만큼 글 곳곳에서 남아공의 모습을 찾아내는 재미도 있
답니다.

6
슬픔이 있어도 우리는 노래하네

사람이 어떻게 춤을 못 춰?

서아프리카를 여행하면 항상 길에서 음악을 들을 수 있고 춤을 만날 수 있습니다. 옆집에서 음악 소리가 들리면 다들 모여들어 춤으로 하나가 되지요. 누구도 시끄럽다며 불만을 표출하지 않아요. 저는 언제 어떤 상황에서든 잘 자는 '축복받은 몸'이어서 괜찮지만 아마 여행객 중에는 간혹 밤늦게까지 들려오는 시끌벅적한 노랫소리에 잠 못 이루는 이들도 있을 거예요.

2016년 새해를 맞이하여 회사 동료들과 함께 가나의 동부 지방을 여행할 때였습니다. 서아프리카에서 가장 높은 폭포인 월리 폭포가 있는 작은 마을에 갔습니다. 그날도 동네 청년들은 어김없이 노래에 맞추어 춤판을 펼치고 있었죠. 저는 회사 동료들과 함께 '관객으로서' 즐기고 있었어요. 그런데 시골 마을을 찾은 세 이방인을 가나 사람들이 그냥 둘 리가 없죠.

"여기로 와! 같이 춤추자!"

누군가 제게 이렇게 제안했어요. 하지만 저는 워낙 뻣뻣한 몸이라서 이렇게 대답했죠.

"나 춤 못 춰."

그 순간, 동네 청년들의 눈이 휘둥그레졌어요.

"어떻게 사람이 춤을 못 출 수가 있어?"

그때 저는 깨달았어요. 춤이라는 것은 자신의 흥을 자신이 원하는 만큼 몸으로 표출해 내는 행위이니 잘하고 못하는 것이란 없다는 것을요. 그 이후로 저는 흥이 나는 곳에서는 자유롭게 몸을 흔들어요. 비록 엉덩이를 흔들고 팔을 휘젓는 정도지만요.

이렇게 서아프리카 사람들은 유난히 흥이 많아요. 그냥 흥이라고만 할 수도 없는 것이 이들은 세례식, 장례식에서도 춤을 춰요. 그래서 우리나라에서 활동하는 손꼽히는 아프리칸 댄스 팀인 쿨레칸, 따그, 포니케 등도 서아프리카 국가들인 코트디부아르, 부르키나파소 등에서 춤을 배운 경우가 많답니다.

춤에는 음악이 빠질 수 없겠죠? 서아프리카 특유의 심장을 울리는 북소리나 쇠로 된 타악기의 쩽하는 타격감은 춤과 어우러져 넘치는 생동감을 전달합니다. 이런 특징은 아프리카 대륙뿐 아니라 수많은 사람이 노예 무역을 통해 이동한 아메리카 대륙에도 많이 남아 있어요.

낡은 버스를 타고, 말리로 가는 길

아프리카 대륙의 음악을 더 살펴볼까요? 그러자면 우선 말리로 가야 해요.

말리는 원래 사하라 사막을 종단하는 중계 무역으로 번성한 제국의 이름입니다. 1312년부터 1335년까지 이 지역을 호령했던 말리 제국의 제9대 왕 만사 무사는 현재까지도 역대 세계 최고의 부자로 알려져 있죠. 이것은 그가 재위할 당시 말리가 전 세계 금의 70퍼센트, 소금의 50퍼센트를 생산한 왕국이자 무역의 중심지였기 때문입니다.[1] 그래서 말리의 동북부 지역에는 진흙으로 지은 세상에서 가장 거대한 건축물인 젠네 대사원을 비롯해 말리 제국의 수도였던 팀북투 등 인류사적으로 의미 있는 유적이 많이 남아 있답니다. 하지만 지금은 사막화가 심해지고, 또 식민 시대부터 이어져 온 사회 갈등과 종교 근본주의자들의 활동이 격해져서, 특히 말리의 동북부 지역은 함부로 갈 수 없는 곳이 되고 말았죠.

저는 말리를 한 번 방문한 적이 있어요. 위험한 동북부 지역은 아니고 수도 바마코였지요. 잠깐 제 여행 이야기를 들려 드릴게요. 말리가 얼마나 열악하고 위험한지 조금 실감할 수 있거든요. 서아프리카를 종단하려면 말리는 꼭 지나야 하는 곳이었어요. 하지만 말리 여기저기를 가도 될지 망설여져서 우선 남서부에 있는 수도 바마코에 가서 상황을 파악해 보기로 했습니다.

그런데 바마코까지 가는 것부터가 난관의 연속이었어요. 코트디부아르의 중부 지방 야무수크로에서 버스를 타고 출발했는데, 버스는 바마코까지 가는 동안 여러 번 가다 서다를 반복하더군요. 경제적으로 낙후된 탓에 여러 번 재수입된 중고 차량을 버스로 쓰기 때문이었어요. 어찌나

낡았는지, 한 줄에 총 5명이나 태울 수 있는 이 버스는 퀴퀴한 냄새를 풍겼고, 1시간을 달리면 2시간을 길가에 서서 정비를 해야 했습니다. 차가 설 때마다 저는 왜 차가 서는지, 얼마나 서 있어야 하는지 알 수 없는 채로 마냥 기다려야 했지요. 그런 식으로 무려 15시간이나 걸려서 새벽 2시에야 코트디부아르와 말리의 국경에 도착했습니다.

그렇게 닿은 새벽의 국경에서 저는 청천벽력 같은 소리를 듣습니다. 한국인에게는 도착 비자를 주지 않는대요. 다시 지도상으로 6시간 거리인 코트디부아르 제3의 도시 부아케에 가서 비자를 받아 와야 한답니다. 국경에 가서 비자비만 내면 입국이 된다더라 하는 소문만 듣고 무작정 바마코행 버스에 올라탄 제 잘못도 있었지요.

새벽 시간, 국경에 버려진 저를 국경 사무소 직원이 친절하게 근처 호텔까지 태워다 주었습니다. 그리고 저는 다음 날 360킬로미터 거리의 부아케로 12시간이 걸려 돌아가 무사히 말리 비자를 받습니다. 그리고 다시 바마코로 기나긴 여행을 떠났어요.

그렇게 도착한 바마코. 마침 비가 억수같이 쏟아지는 날이었어요. 우기의 위력을 실감했지요. 무릎 높이까지 물에 잠긴 도시에서 저는 겨우겨우 '잠자는 낙타'라는 이름의 게스트 하우스를 찾아 짐을 풀었습니다.

마당에 있는 천막 아래 식당으로 내려갔더니 거기에 그 동네 외국인들이 모두 모여 있는 듯했어요. 저는 땅콩 소스를 바른 밀가루 떡과 고기가 든 말리 현지식을 주문했어요. 그리고 저녁 내내 그곳에 앉아서 게스트 하우스의 매니저를 비롯해 각종 반군이 활동하는 북부 지방에 무기 공급을 한다는 분과 이야기를 나누었죠. 그들은 외국인이 혼자서 팀북투까지 방문하는 것은 너무 위험하다며 만류했어요. 그런 의견을 듣고 고심한 끝에 저는 말리에서는 더 여행하지 않기로 결정했지요. 그리고 곧바로 세네갈로 떠났습니다. 말리에 평화가 찾아오면 꼭 다시 한번 찾아오겠다는 결심을 하면서요. 그 마음은 지금도 변함이 없습니다.

월드 투어를 다니는 그리오들

이렇게 분쟁이 많고 갈등도 많은 곳이지만, 이런 곳에서도 음악은 연주되고 사람들은 노래를 부릅니다. 앞에서 서아프리카에는 음유 시인이자 구전 시인, 전승 예술가, 조언자, 예능인 등 다양한 역할을 하는 그리오가 있다고 말씀드렸죠. 이 지역에서는 그들이 예술 활동의 중심도 됩니다. 마을의 역사와 이야기를 말로, 노래로 전하는 그리오들은 어릴 때부터 집안 어른들의 공연을 보고 수백 편의 노래를 암송하며 악기를 연주하는 법을 배워요. 그리고 마을 공동체 모임에서 또다시 그 어른들처럼 노래를 하고 악기를 연주하며 공동체성을 돋우지요.

현대 사회로 오면서 그리오들의 무대는 더 넓어졌어요. 그리오들은 자신의 역할과 공연 형태를 오늘날에 맞게 확장하고 바꾸어 가며 예술 활동을 펼치고 있습니다. 이들이 현악기와 타악기를 연주하며 읊조리듯 노래하는 소리는 이국적인 음감에 열광하는 세계 음악 애호가들에게 주목받기도 했어요. 월드 투어까지 다닐 정도로 세계적으로 유명해진 그룹도 있지요.

사하라 사막에서 가장 많은 유목민인 투아레그인들로 구성된 그룹 타르티트Tartit는 1992년에 결성되었는데, 코트디부아르에서 열린 아프리카 공연 예술 진흥 박람회에서 데뷔한 이후 유럽과 북미 지역 등을 순회하며 사막 유목민의 음악을 세계에 전했어요. 그들의 음악에는 평화로웠던 사막을 향한 향수와 평화에의 갈망이 담겨 있다고 하지요.

한편 세네갈로 가면 음발락스mbalax가 있어요. 세네갈 사람들이 서양의 악기와 재즈, 소울, 리듬 앤드 블루스, 라틴, 쿠반, 록 등을 받아들이면서도 서양의 음악을 무작정 따라 하지 않고 자신들의 언어인 월로프어로, 전통 리듬과 창법을 바탕으로 만든 새로운 댄스 음악[2]이 바로 음발락스예요. 이 음발락스를 세계적인 장르로 만드는 데 큰 역할을 한 가수가 유수 은두르Youssou N'dour인데, 은두르는 2011년 〈포브스〉가 선정한 아프리카 출신 영향력 있는 유명인 40인 안에 들기도 했죠.

음발락스 외에 '지크르'라는 것도 있는데, 이것 자체가 음악은 아니고 음악을 그다지 장려하지 않는 이슬람 문화 아래서 신을 찬미하기 위해 암송하는 "일종의 염불 같은 것"[3]이라고 해요. 들어 보면 그냥 음악 같아요.

음악은 노예선을 타고 대륙을 넘어

이런 음악인들의 조상이 노예 무역선을 타고 아메리카 대륙으로 건너갔지요. 몇만 명이 낯선 곳으로 끌려왔으니 그들의 속에는 얼마나 할 이야기가 많았을까요? 악랄한 제도 하에서 일하는 기계 혹은 동물에 불과한 삶을 강요받았던 흑인들은 많은 이야기를 노래로 풀어냈습니다. 이양일의 《팝레슨 121》은 아메리카 대륙에 미친 흑인들의 영향을 장르별로 알려 줍니다.

먼저 블루스는 "미국 남북 전쟁 10여 년 후부터 음악적 형식을 갖춘, 미국 흑인 노예들의 가슴 아픈 삶과 정서가 스며들어 있는 음악"[4]입니다. 백인 농장주들은 흑인 노예들이 대화하는 것이 일의 능률을 떨어뜨린다고 생각했고, 이에 금언령을 내렸습니다. 일하는 동안 말을 못 하게 했어요. 뜨거운 태양 아래서 누군가가 일사병에 쓰러져도 말로 알릴 수 없었던 노예들은 일정하게 약속된 소리로 이를 알리기 시작해요. 이는 음악이라기보다는 차라리 "영혼의 외침"[5] 같아요. 그래서 이 소리를 '들판 위의 외침'이라는 뜻인 필드 홀러Field Holler라고 불러요. 이것이 블루스 음악의 바탕이 되죠. 또 흑인 노예들도 주말의 예배 시간에는 자유롭게 이야기하고 노래할 수 있었기에, 신앙의 환희와 영혼 구원의 희망 등을 표현한 가스펠, 샤우트 등이 발달하게 되었죠.

재즈는 노예 시장이 열렸던 뉴올리언스에서 지루함을 이기기 위해 냄비, 숟가락 등을 이용하여 춤추고 노래하던 것에 유럽의 근대 연주 형태가 가미되면서 발전했습니다.

펑크Funk는 1960년대 리듬 앤드 블루스, 소울, 재즈가 혼합되어 만들어진 미국 흑인 음악이고요. 이 음악은 사하라 사막 남부에서 함보네Hambone, 주바Juba 같은 가벼운 타악기 리듬에 맞춰 손을 높이 들어 올리고 뛰어오르는 율동에 뿌리를 두고 있다고 해요. 이외에도 리듬 앤드 블루스, 힙합, 로큰롤, 테크노 등에도 흑인들의 영향이 지대합니다.

미국 외에 카리브해의 여러 섬나라에서도 특유의 음악 장르가 생겨났어요. 칼립소는 프랑스령 트리니다드 토바고에서 생겨나 주변 국가들로 퍼져 나간 음악 장르로, 나이지리아 지역 음악인 카이소가 변형된 거라고 해요. 이후 미국에서도 인기를 끌게 되고 세계적인 대중음악으로 각광받았습니다.

레게는 자메이카에서 탄생한 음악 장르인데 이는 라스타파리아니즘과도 관계있어요. 인종 차별 속에서 살아왔던 아프리카 노예의 후손 중 일부는 힘든 삶을 구원받고자 에티오피아의 황제 '하일레 셀라시에'를 신격화하는 종교인 라스타파리아니즘을 믿게 됩니다. 잠시 라스타파리아니즘을 살펴볼까요?

라스타파리아니즘은 영국의 대농장 역할을 했던 자메이카에서 발흥한 종교입니다. 1930년대에 나타났는데 아프리카계 후손들이 19세기 후반과 20세기 초반에 '흑인성' '아프리카인성'이라는 공통된 정체성을 자각하면서 시작됩니다. 정체성에 대한 인식은 곧 '아프리카로 돌아가자'는 운동으로 이어졌다고 앞서 이야기했지요. 이러한 배경에서 역사상 단 한 번도 식민 통치를 받은 적 없는 에티오피아(1936년부터 5년간 이탈리아가 에티오피아를 무력 침공했던 역사가 있긴 합니다), 그곳에서도 성경에 등장하는 솔로몬 왕과 시바 여왕의 후손이라고 믿어지는 에티오피아의 황제 하일레 셀라시에 1세를 신격화하고 아프리카로 가는 것이 하나의 구원이라고 믿는 라스타파리아니즘이 나타난 겁니다. 라스타파리아니즘은 서양 종교인 기독교와 자메이카의 토착 종교, 중서부 아프리카 사람들의 신앙 의식, 에티오피아 신화 등이 결합된 혼종 종교지요. 이 종교를 믿는 대표적인 레게 가수가 유명한 밥 말리예요. 밥 말리는 공연 무대에 셀라시에 황제의 초상화를 걸어 놓고 노래했죠.

이외에도 쿠바의 룸바, 맘보나 브라질의 삼바 또한 아프리카 흑인의 후예들에게 영향받은 음악 장르랍니다.

이런 것만 보아도 아프리카 음악이 세계의 음악 발전에 미친 영향이 지대하다는 것을 실감할 수 있지요.

7
아프리카를 지키는 신들

죽은 자의 영혼이 함께한다

인간의 삶에는 이해하기 힘든 일이 많이 생기죠. 나에게 왜 이런 일이 생겼는지 못내 궁금해질 때도 있어요. 견디기 힘든 일이 닥쳤는데 어느 누구에게도 도움받기 힘든 상황도 있습니다. 또 궁극적으로 삶의 이유를 찾거나 혹은 죽음이나 인간의 유한성에 대한 두려움을 잊고 싶기도 합니다. 그럴 때 찾게 되는 것이 초월적 존재나 힘이 아닐까요.

그 초월적 힘이나 존재는 단 하나의 신일 수도 있고, 자연물에 있는 정령일 수도, 혹은 돌아가신 조상의 영靈일 수도 있습니다. 그러한 믿음이 체계화되고 제도화된 것이 종교입니다. 그렇게 한 공동체가 공유하는 종교는 필연적으로 의례나 의식을 만들어 내고 사람들의 가치관과 도덕의식에도 영향을 미쳐요. 그래서 한 사회를 이해하는 데 종교가 매우 중요합니다.

아프리카에서도 종교는 일상생활에 자연스럽게 스며들어 있어요. 지역에 따라, 문화권과 민족에 따라 그 형태는 조금씩 다르지만 꽤나 광범위하게 나타나는 믿음은 바로 돌아가신 조상이 우리를 지켜봐 줄 것이라는 믿음이에요. 그런 믿음 아래에서 제가 살았던 가나에서는 장례식을 축제처럼 치르기도 했어요. 장례식에 모인 사람들이 노래하고 춤을 춥니다. 몇 년 전 세계적으로 유행했던 '관짝 소년단' 밈(SNS 등에서 유행하여 다양하게 활용되는 패러디물)을 기억하시나요?

검은 정장을 차려입고 검은 쿠피 모자(챙이 없고 둥근 모자)를 쓴 예닐곱의 사람들이 관을 어깨에 지고 춤을 추며 행진하죠. 이 댄스 팀은 가나 출신 청년들로 구성되어 있었는데, 죽은 자의 영혼이 후손들 주변에 머물며 위험을 알리고 행복한 순간을 함께한다는 그들의 영혼관을 유쾌

'관짝 소년단' 밈은 우리나라에서 인종 차별 논란이 불거지기도 했어요. 한 고등학교 학생들이 졸업 사진을 찍느라 얼굴을 검게 칠하고 패러디한 모습이 온라인에 게시된 이후였지요. 그때 흑인을 표현하느라 얼굴을 검게 칠한 것이 뭐가 문제인지 혼란스러워하는 이들이 더러 있었습니다.

얼굴을 검게 칠해 '흑인'처럼 분장하는 것은 그 자체로 인종 차별 요소를 지닙니다. 거기엔 역사가 있어요. 1832년, 뉴욕의 한 극장에서는 〈점프 짐 크로우〉라는 코미디쇼를 무대에 올립니다. 얼굴을 검게 칠한 배우가 등장하는 연극이었는데 그 배우는 아프리카계 미국인들을 희화화하고 조롱하는 다양한 노래, 춤 등을 선보였어요. 그 뒤 그런 나쁜 전통이 이어져 얼굴을 검게 칠한 배우들의 미디어 활동은 '흑인'들에 대한 부정적인 고정관념을 지속시키는 데에 큰 역할을 합니다.

우리나라에는 이런 역사가 잘 알려지지 않았다 보니 이를 두고 논쟁이 일었지요. 세계화 시대를 살아가는 만큼 다른 문화와 역사를 더 섬세하게 배울 필요가 있습니다.

하게 재해석하여 인기를 끌었습니다. 가나 사람들의 신앙관을 엿볼 수 있는 대목이지요.

마을에 전통 치료사이자 퇴마사 역할을 하는 점술가 혹은 무속인이 있는 것도 오늘날까지 아프리카에서 광범위하게 이어져 오는 민간 신앙의 형태 중 하나입니다. 그 무속인은 지역에 따라 상고마(남아프리카), 응강가(중앙·서아프리카), 음강가(동아프리카), 바발라워(나이지리아 요루바인) 등으로 달리 불려요.

인류학자 장용규 교수는 남아프리카 공화국의 줄루인들 사이에서 무당 역할을 하는 상고마를 연구하여 《춤추는 상고마》라는 책으로 펴낸 적이 있어요. 장 교수는 1996년, 남아프리카 공화국의 시골 마을 에구투구제니에 찾아가 3년여 동안 그곳 사람들과 함께 지냈습니다. 그러면서 살펴보았더니 마을 사람들은 자기에게 닥치게 될 길흉화복을 점치고 싶을 때 상고마를 찾아갔어요. 상고마는 조상 혼령의 도움을 받거나, 동물 뼈로 된 점술 도구인 아마탐보를 던져 점괘를 냈죠. 마치 우리나라에서 무당이 쌀알을 던져 신의 뜻을 알아보는 것과 비슷하지요? 장 교수가 관찰한 바로는 이 전통 종교인들은 전통에만 머물러 있지 않았습니다. 때로는 사업가의 모습으로, 때로는 심리 상담사의 모습으로 사람들 곁에 있지요.

다호메이 전사들이 물을 무서워한 이유

아프리카에는 만물에 정령이 깃들어 있다고 생각하는 사

람도 많아요. 저는 베냉의 간비에에 갔을 때 그 사례 한 가지를 알게 된 적이 있어요. 간비에는 베냉의 경제 중심지인 코토누 근처에 있는 호수 마을입니다. 간비에에서 오래된 이불이나 천으로 돛을 단 길쭉한 배를 타고 한참을 들어가면 수상 가옥 마을이 나와요. 이 마을 상인들은 배에 각종 생필품과 식재료를 싣고 다니면서 팔아요. 기념품 가게도, 마을의 주점도 모두 외따로 떨어져 있어 가려면 배를 타야 하죠. 이 마을은 다호메이 왕국 시절부터 형성되었다고 합니다.

다호메이 왕국은 오늘날의 베냉 지역에 1600년부터 20세기 초까지 존재했던 강력한 왕국이에요. 또 그 지역에서 예술과 문화의 중심지이기도 했습니다. 그런데 다호메이인들은 내륙의 아프리카인들을 포획하여 해안의 유럽인들에게 파는 노예 사냥꾼으로 악명 높았죠. 저를 수상 가옥 마을로 데리고 가 준 뱃사공 가이드에 따르면, 이 다호메이 전사들이 종교적인 이유로 물을 무서워했대요. 물에 그들에게 호의적이지 않은 정령이 있다고 믿은 거죠. 그래서 이를 피해 수상 가옥을 짓기 시작한 거고요. 참 흥미롭죠?

아프리카의 기독교와 이슬람교

물론 아프리카에는 우리에게 익숙한 기독교, 이슬람교를 믿는 사람도 많습니다. 주로 아프리카 남부 국가들에 기독교인 비율이 높고 북부 국가들에 이슬람교인 비율이 높아요. 특히 사하라 사막 북쪽 지역은 이슬람교가 발흥한 아라비아반도와 지리적으로 가까워 이미 7세기에 이슬람교를 받아들였죠. 사하라 사막을 횡단하는 상인들이 전파한 이슬람교는 오늘날 서아프리카와 북아프리카 지역에 광범위하게 퍼져 있답니다.

최근 세계 곳곳에서 극단적인 분쟁들을 겪으면서 이슬람교인들에게 좋지 않은 시선을 보내는 사람들이 생겼지만 제가 겪어 본 아프리카 이슬람교인들은 이웃의 일을 누구보다 걱정하고 도우려는 사람들이었어요. 탄자니아의 잔지바르에 사는 제 이슬람교인 친구 하티브는 제가 간다고 하면 언제라도 어느 누구보다 먼저 뛰어나와 맞이해 줍니다. 케냐의 친구 사이먼도 마찬가지예요.

기독교는 어떨까요? 흔히 유럽이 아프리카에 진출한 15세기부터 이곳에 기독교가 전파되었을 거라고 생각합니다. 하지만 아프리카에서 유일하게 유럽의 지배를 받은

적 없는 에티오피아에 무려 4세기에 시리아 수도사로부터 기독교가 전해져요. 그리고 에티오피아에서는 세계에서 가장 오래된 기독교 종파 중 하나인 에티오피아 정교회가 발달하지요. 기독교 성경에는 이스라엘 왕 솔로몬을 방문했다고 알려진 시바 여왕이 있는데, 에티오피아 정교회 신자들은 이 시바 여왕이 에티오피아 고대 왕국인 악숨 왕국 여왕이라고 믿어요. 꽤 흥미롭지요?

에티오피아가 있는 '아프리카의 뿔' 지역에는 무척 이르게 기독교가 들어왔지만, 다른 사하라 이남 아프리카 지역에 기독교가 전파된 것은 15세기 이후 선교사들이 진출한 뒤의 일입니다. 그리고 기독교는 현지의 신앙 요소와 결합하여 널리 퍼져요. 특히 아프리카의 기독교 예배는 그 표현성이 남다릅니다. 기도를 할 때 사람들은 마치 함께 모여 울부짖는 듯도 하고, 하늘에 있는 닿기 힘든 것에 닿아 보려 애쓰는 것 같기도 해요. 또 같이 노래도 부르고 춤도 춥니다.

제가 가나의 서부 해안 지역을 여행할 때였어요. 버스가 승객으로 다 찰 때까지 기다려야 해서 언제 떠날지 알 수 없는 버스를 한참이나 기다렸다가 타고는 아크라를 지나, 케이프코스트를 지나 코트디부아르의 국경 지역까지 여행하고 돌아오는 길, 부수아 해변의 한 숙소에 짐을 풀었습니다. 친절하고 다정하게 맞아 주는 주인아저씨와 맛있는 음식이 있는 곳이었어요. 그때 환대받은 기억이 너무 좋아서 저는 수도로 돌아온 뒤 회사 사람들에게 추천해 회사 워크숍을 부수아에서 하기로 했어요. 얼마 뒤 다시 6시간을 달려 부수아로 갔죠.

그런데 마침 그날이 주말이었어요. 숙소 옆에는 현지 교회가 있었고요. 아프리카 사람들은 어찌나 부지런한지 새벽 예배 때부터 환희에 찬 소리와 울부짖는 기도가 시작되었습니다. 저희 모두는 방음이 되지 않는 숙소에서 잠을 한숨도 이룰 수 없었죠. 혹시나 아프리카를 방문해 주말에 숙소에 묵어야 한다면 근처에 교회가 있는 곳은 꼭 피하시길!

아이티와 부두교

종교는 고된 삶에 위안을 주기도 하지요. 이런 역할은 특히 노예 무역선에 실려 대서양을 건넌 이들에게 더욱 중요했을 거예요. 앞서 말했듯, 노예가 되어 아프리카를 떠나 아메리카 대륙에 닿은 사람들은 '뿌리 뽑힌' 사람들입니다.

가족도, 친구도, 문화 공동체도 없이 떠나와서는, 농장과 농장을 옮겨 팔려 가며 살아야 했기에 그 고통은 더욱 커질 수밖에 없었죠.

그런 이들에게 여러 종교가 위로를 주었습니다. 앞서 영국이 지배했던 자메이카에서 발생한 라스타파리아니즘을 소개해 드렸죠. 프랑스의 지배를 받은 이웃 섬나라 아이티에서는 부두교가 생겨났습니다. 라에네크 위르봉이 쓴 책《부두교》를 참고해 보면 부두교는 라스타파리아니즘과 마찬가지로 서아프리카와 유럽, 토착의 종교 등 여러 신앙 요소가 결합하여 만들어졌습니다. 창조자인 본디예와 이와라고 불리는 영혼을 믿는 종교인 부두교는 사람들에게 강한 정체성의 바탕이 되어 주었죠. 공동체의 접착제가 되기도 했습니다.

혹시 아이티의 역사를 아시나요? 아이티는 노예들의 저항으로 1804년 세계 최초로 식민지에서 해방된 나라이자, 노예 출신들로 구성된 흑인 공화국입니다. 이 엄청난 움직임의 중심에 바로 공동체의 구심점으로써 부두교가 있었어요. 그래서일까요? 이 종교는 비하되거나 '미신'으로 취급받으며 탄압되기도 했어요.

예를 들어 프랑스 영화 〈나는 좀비와 함께 걸었다〉나 미국 문학《식인종 사촌》같은 작품에서는 아이티를 마술과 주술, 괴이한 의식의 땅으로, 그리고 '좀비'의 땅으로 표현하죠. 부두교인들이 의식을 할 때 동물의 사체를 활용하기 때문이에요. 참 슬픈 일이죠.

제가 서아프리카를 방문했을 때 이 부두교의 '흔적'을 볼 수 있었어요. 부두교에 들어간 서아프리카의 신앙 요소가 여전히 그곳에 있더라고요. 토고의 수도 로메에는 부두 시장이 있어 주술 의식 때 사용하는 동물 사체가 거래되고 있었어요. 또 토고의 북쪽 지방 쿠탐마쿠에서는 부두교인들이 흙으로 된 전통 가옥 곳곳에 부두교 제물을 두고 살고 있었어요. 우리 눈에는 조금 이상해 보일 수도 있지만 그들에겐 영적 의미가 있는 행위지요.

브라질의 칸돔블레

이번엔 브라질로 한번 가 볼게요. 브라질은 남아메리카의 동부 해안에 있는 국가로, 이 대륙의 절반 이상을 차지하는 큰 나라죠. 그리고 수많은 아프리카인이 강제로 팔려 간 곳이기도 합니다. 16세기 초 노예가 된 아프리카인들이 브라질에 처음 들어온 이후로, 18세기 후반에는 브라질이 세계 최대의 아프리카인 수입국이 되었어요. 이곳으로 팔려 간 사람들은 대부분 아프리카에서 포르투갈의 영향력이 크게 미쳤던 섬이나 해안 지역 출신이었어요. 오늘날의 나라명 으로 하면 앙골라나 모잠비크, 카보베르데 등의 사람들이 었답니다. 이들 지역은 나중에 포르투갈의 식민 지배를 받 아 지금도 여전히 국가 공용어로 포르투갈어를 쓰고 있습 니다. 또 흑인부터 혼혈, 백인까지 인구 구성도 다양하고요.

아프리카인들이 도착한 브라질에서도 새로운 종교가 생겨나요. 칸돔블레라고 하는 종교인데요, 나이지리아 요 루바인들의 종교와 서아프리카 문화를 기반으로 포르투갈 이 믿던 가톨릭 신앙 요소가 합쳐져 만들어졌죠. 이 종교 는 오리샤라고 부르는 영을 숭배합니다. 오리샤는 그 수가 몇백 종류에 이르는데 사랑과 다산의 신, 천둥과 번개의 신 등이 인간의 일상생활을 관장해요. 특히 브라질 동부 지역에서는 이들을 숭배하는 다양한 의식이 펼쳐지지요.

이 칸돔블레와 밀접한 무술이 하나 있는데 바로 카포에 이라입니다. 2014년 유네스코 인류 무형 문화유산으로 등 재되기도 한 카포에이라는 얼핏 보면 춤 같아요. 꽤나 역 동적이면서도 부드럽죠. 아프리카 앙골라에서 브라질로 끌려온 노예들이 만들었는데, 저항의 소리를 마음껏 낼 수 없었던 노예들 사이에서 자신을 방어하는 무술로 쓰였습니다. 또 방어할 수 없는 설움 또한 이 춤 같은 무술로 표현했죠. 마치 라스타파리아니즘을 믿는 많은 사람이 레게를 활용한 것처럼, 칸돔블레를 믿는 많은 사람이 카포에이라를 연마했다고 볼 수 있겠네요.

저는 이 카포에이라를 실제로 본 적이 있어요. 저는 2022년에 아프리카 지역학을 공부하기 위해 대학원에 입학했고 바로 그해, 모잠비크에 있는 에두아르도 몬들라네 대학교 아프리카 연구 센터에 다녀왔어요. 아프리카의 해방과 관련된 강의를 듣고 다른 학생들과 교류하며 9일을 보냈지요. 이곳에서 브라질 출신 친구들도 많이 만났어요. 그들은 하루의 수업이 끝나면 마당에 모여 카포에이라를 함께 연마했어요. 또 저에게 그들이 사는 곳에 있는 오리샤 이야기를 전해 주었습니다. 글로만 알던 사실들이 실제 눈앞의 존재들에 의해 연결되는 경험이었어요.

비록 이들이 연결된 역사는 너무 슬프지만, 종교는 가장 억압받는 곳에서도 사람들을 서로 잇고 문화를 꽃피운다는 것을 느낄 수 있었습니다.

2부

오늘의 아프리카,
새로운 표정들

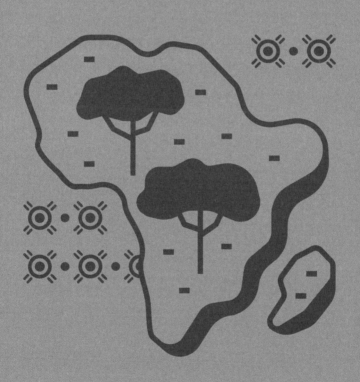

8
아프리카에 부는 스타트업의 바람

성장하는 대륙

흔히 아프리카라고 하면 다 가난하다고 생각하기 쉽지만
그렇지 않아요. 다음 표를 보면 알 수 있듯 아프리카에도
상대적으로 가난한 나라와 부유한 나라가 있고 그 차이도
꽤 큽니다.

2021년 1인당 국내 총생산 순위(구매력 평가 지수 기준)

최부국		최빈국	
세이셸	29,838달러	라이베리아	1,553달러
리비아	23,357달러	모잠비크	1,342달러
모리셔스	22,240달러	니제르	1,310달러
적도 기니	18,127달러	소말리아	1,303달러
보츠와나	17,604달러	남수단	1,235달러
가봉	15,598달러	콩고 민주 공화국	1,219달러
남아프리카 공화국	14,420달러	중앙아프리카 공화국	1,020달러
이집트	13,316달러	부룬디	793달러

(출처: 세계은행)[1,2]

이 표는 세계은행이 발표한 2021년 1인당 국내 총생산GDP 순위 중 아프리카 최부국과 최빈국을 나타낸 표입니다. 아프리카의 최대 부국 세이셸과 최빈국 부룬디의 GDP는 자그마치 38배 가까이 차이 납니다. 아프리카 나라들의 경제 사정은 이처럼 다양하지요.

또 아프리카는 꾸준히 성장하는 대륙이에요. 아프리카 개발은행Africa Development Bank, AfDB이 2020년 발표한 보고서에 따르면, 아프리카는 평균적으로 매년 5퍼센트대의 경

아프리카에는 자연이 선물한 자원이 풍부합니다. 세이셸과 모리셔스는 풍부한 수산 자원과 자연을 활용한 관광 자원에서, 리비아와 적도 기니와 가봉은 석유에서, 보츠와나는 다이아몬드에서, 남아프리카 공화국과 이집트도 기타 천연자원에서 큰 수익을 얻고 있지요. 또한 부룬디에는 구리가, 중앙아프리카 공화국엔 황금과 다이아몬드가, 콩고 민주 공화국에는 콜탄과 삼림 자원 등이 풍부하죠. 그 외에도 코발트, 우라늄 등 광물 자원과 카카오, 커피, 차 등 농업 자원도 이 땅을 풍요롭게 채우고 있습니다.

제 성장률을 보여 왔습니다. 또한 성장 동력이 개인 소비를 벗어나 투자와 순수출로 점차 이동하면서 성장 기반도 개선되었다고 하지요.

아프리카에 부는 창업 붐

아프리카에서 전통적으로 역할이 큰 산업은 농업이에요. 지금도 사하라 이남 아프리카 인구의 과반수가 농업에 종사하고 있어요. 농업이 사하라 이남 아프리카 전체 GDP의 14퍼센트를 차지하고 있습니다. 또 전 세계 경작지의 60퍼센트가 아프리카에 있습니다. 무슨 농사를 지을까요?

주요 수출 작물은 코코아 콩, 캐슈너트, 담배, 커피 등이지요. 그런데 이렇게 몇 가지 소수의 작물만 재배하는 것은 아프리카의 문제로 꼽혀요. 특정 작물의 국제 가격이 갑자기 떨어지거나 기후 변화 때문에 흉작이 되거나 하면 나라 전체가 큰 타격을 입을 수 있거든요. 그래서 아프리카의 많은 국가가 경제 다각화를 하려고 애쓰고 있습니다.

아프리카 전체 수출에서 제조업이 차지하는 비중은 2008년 35.5퍼센트에서 2018년 48.9퍼센트로 확대되었고, 서비스업에서의 고용률도 높아져 가고 있죠.[3] 이를 잘 살펴볼 수 있는 아프리카의 스타트업 붐에 대해 이야기해 볼게요.

최근 나이지리아, 케냐, 남아공, 이집트 등에서 스타트업 창업 붐이 일고 있어요. 가나, 세네갈 등으로도 확장되고 있습니다. 2019년 1월부터 2022년 4월까지 아프리카 대륙의 전체 창업 중 36퍼센트는 나이지리아에서, 19퍼센트는 케냐에서, 16퍼센트는 남아프리카 공화국에서 일어났어요.[4] 기업 가치가 10억 달러 이상인 유니콘 기업도 매년 탄생하고 있고요. 이는 아프리카 청년들의 일자리 창출에 큰 도움을 줄 거예요. 14억 인구의 대륙인 아프리카의 평균 중위 연령은 채 20세가 되지 않거든요. 일자리를 찾는 젊은이가 그만큼 많다는 뜻이지요.

나이지리아 최대의 도시 라고스에서 탄생한 주미아JUMIA는 아프리카 대륙 최초로 기술 기반 유니콘이 된 대표적인 스타트업이에요. 2012년 설립돼 간편 모바일 결제 시스템을 도입한 온라인 기반 상업 플랫폼이죠. 아프리카 14개 국가에서 11만 명 이상의 판매자가 이 플랫폼에서 활동하고 있습니다.

저도 2015년에서 2016년까지 가나에서 지낼 때 주미아의 자회사인 '주미아 푸드'를 통해 음식을 배달받아 먹었던 기억이 나네요. 함께 살던 동료와 주말 내내 소파에 누워 뒹굴다가 음식을 해 먹기도 귀찮고, 나가기도 귀찮을 때 우리는 주미아 푸드 앱을 켜곤 했죠. 평소에 즐겨 먹던 과일 스무디 가게에서 망고와 파인애플, 패션 프루트, 코코넛 등 열대 과일이 가득 든 스무디를 고르고, 샌드위치나 샐러드까지 골라 담아 주문한 뒤 우리 돈으로 천 원이 채 안 되는 배달 수수료를 지불하면 집까지 배달되었어요.

한 가지 정말 흥미로웠던 것은, 가나의 주소 체계는 우리나라처럼 잘 정비되어 있지 않아서 우리 집이 어느 골목에 있는지만 알려 주었는데도 어떻게 찾았는지 집까지 용

아프리카 대륙 자유 무역 지대의 탄생

아프리카 국가들은 2019년 아프리카 대륙 자유 무역 지대(Africa Continental Free Trade Area, AfCFTA)를 출범시킵니다. 아프리카 연합 소속 국가 중 에리트레아를 제외한 54개국이 협정에 서명해서 가장 많은 국가가 참여하는 자유 무역 지대가 되었죠. 그 사무국은 가나 아크라에 있고요. 이는 무려 14억 인구의 단일 시장이 형성되었음을 뜻합니다. 아프리카 연합은 이 자유 무역 지대를 통해 2035년까지 4,500억 달러의 수익이 창출될 것으로 기대하고 있습니다.[5] 이와 발맞추어 아프리카 연합은 대륙 내 이동을 어렵게 하는 각종 규제를 완화하고 비자 발급을 촉진하는 등 다양한 제반 프로젝트를 하나씩 실현해 나갈 예정이라고 하니, 더 큰 범위의 아프리카 공동체가 기대됩니다!

케 배달을 왔더라고요.

주미아 외에도 모바일로 돈을 송금하는 금융 플랫폼인 치퍼 캐시Chipper Cash, 웨이브Wave, 플러터웨이브Flutterwave같이 정보 통신 기술 기반의 아프리카 스타트업이 눈에 띄게 성장하고 있습니다.

아프리카 물가, 생각보다 비싸다?

그럼 사람들의 생활 속으로 들어가 볼까요? 아프리카의 물가는 어떨까요? 예상과 달리 제가 살았던 가나의 수도 아크라의 물가는 그렇게 싸지 않았습니다. 우선 인터넷, 전기, 수도 등이 비교적 잘 공급되는 2인 아파트의 월세가 200만 원에 달했습니다. 종종 단수나 단전이 되어서 우리나라처럼 편리한 곳은 아니었는데도요.

또 제조업이 발달하지 않은 현지 특성상 공산품은 수입되는 경우가 많아 물건 가격이 비싼 편이었어요. 2015년 국내 총생산 기준으로 우리나라와 가나는 국가 경제 수준이 30배가 넘게 차이 났는데, 한 달 생활비 수준에서는 별다를 게 없었어요. 또 현지 화폐의 가치가 계속 떨어져 물가의 변동 폭도 큰 편이었죠.

다음 표의 수치는 부유한 지역과 빈곤한 지역을 모두 포함한 평균값이에요. 나라 간의 차이도 크지만 한 나라 내에서도 지역마다 경제적 수준이 눈에 띄게 다릅니다.

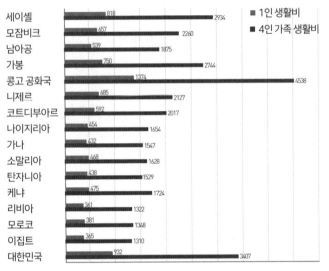

주요 아프리카 국가 생활비(대한민국 참조)

■ 1인 생활비
■ 4인 가족 생활비

국가	1인 생활비	4인 가족 생활비
세이셸	818	2934
모잠비크	657	2260
남아공	539	1875
가봉	750	2744
콩고 공화국	1374	4538
니제르	685	2127
코트디부아르	592	2017
나이지리아	454	1654
가나	432	1547
소말리아	468	1628
탄자니아	438	1529
케냐	475	1724
리비아	361	1322
모로코	381	1348
이집트	365	1310
대한민국	932	3407

$0 $500 $1,000 $1,500 $2,000 $2,500 $3,000 $3,500 $4,000 $4,500 $5,000

* 2022년 기준[6]

길거리 백화점?

저는 가나를 여행할 때 지방으로 갈수록 경제적 수준이 차이 난다는 것을 체감할 수 있었어요. 지방을 다닐 때면 관리되지 않은 도로 위를 덜컹거리며 곡예 운전하는 대중교통 안에서 아프리칸 마사지라고 불리는 엉덩이 마사지를 받기 일쑤입니다. 사파리를 즐길 수 있는 몰레 국립 공원 안 숙소에서는 물이 나오지 않아 물을 담은 바가지 한 통을 받았습니다. 음식도 마찬가지였어요. 길거리에서 파는 음식을 먹으면 2~3달러짜리 음식을 맛볼 수 있었지만, 번듯한 식당으로 들어가면 한 끼에 10~20달러를 쓰는 것은 예삿일이었죠.

이 시점에서 비공식 경제에 대한 이야기를 하지 않을 수가 없네요. 비공식 경제란 정부에 보고되지 않은 경제 부문을 뜻합니다. 일부 추정에 따르면 아프리카 경제 생산량의 약 50퍼센트와 고용의 85퍼센트[7]가 농업과 무역 등 비공식 부문에서 발생한다고 해요. 즉 직접 농사짓고 가축을 키워 먹고 사는 사람들이 그만큼 많다는 거예요. 실제로 아프리카의 길거리에는 소규모 상인이 많습니다. 많은 이가 머리 위에 바구니를 이고 나와 각종 채소, 과일, 간식거리 등을 팔지요. 가나에 있던 한인들은 이런 상인들이 있는 길을 '길거리 백화점'이라고 불렀답니다! 이렇게 경제활동을 하는 사람들은 정부에서 내는 통계에 잡히지 않아요. 그래서 경제 규모를 측정하는 기존의 방법으로는 아프리카 경제의 전체 모습을 다 알기가 어렵습니다.

여전한 기회의 땅

아프리카는 이렇게 크게 성장하고 있고 가능성도 풍부하지만 현재 20여 개국이 절대적 빈곤에 시달리고 있는 것은 분명한 사실입니다. 그 원인은 무엇일까요? 여러 이유가 있겠지요. 우리나라 기획 재정부 공무원으로서 코트디부아르에 있는 아프리카 개발은행에서 3년간 일했던 윤영준은 책《아프리카, 미필적 고의에 의한 가난》에서 빈곤에서 벗어날 수 있는 정책을 시행하지 않았기 때문이라고 말해요. 예를 들어 농촌을 살리는 농업 정책, 사각지대 없는 보건 정책, 자국 기업을 육성하는 산업 정책, 역량을 뒷받침하는 교육 정책이 있다면 아프리카인들은 다른 삶을 살 수 있을 거라고 하지요. 하지만 아프리카 정치인들이 그런 일을 게을리했다고요. 그 말을 뒤집으면 아프리카에서 바른 정책을 시행하기만 하면 많은 국가가 가난에서 벗어날 수 있다는 뜻이기도 합니다. 그런 점에서 저는 이 책에서 아프리카의 희망을 읽었습니다.

이런 희망은 아프로 낙관주의Afro-optimism라고도 불러요. 아프리카의 미래에 대해서는 다양한 갑론을박이 이어지는데, 아프로 낙관주의와 아프로 비관주의Afro-pessimism라고 부르는 두 가지 입장이 큰 갈래를 이루죠.

아프로 낙관주의를 바탕으로 아프리카 시장을 개척해 나가는 사람들도 꽤 많습니다. 대표적인 사람들이 중국인들이에요. 미국인 기자 하워드 프렌치가 《아프리카, 중국의 두 번째 대륙》에서 제시하는 수치에 따르면 지난 10년 동안 아프리카로 이주한 중국인이 약 100만 명에 달해요. 물론 중국 정부에서 정확하게 확인하고 공개하지 않아 비공식적인 수치이지만요.

이런 수치를 모르더라도, 아프리카 어느 지역을 가든 중국인 식당과 중국인 호텔이 있는 것을 보며 아프리카에 끼치는 중국의 영향력을 체감할 수 있습니다. 저도 이것을 잘 활용했습니다. 저는 여행 중에 몸도 마음도 지치면 뜨끈하고 맑은 국물 요리가 생각나더라고요. 칼국수나 삼계탕 같은 음식이요. 하지만 한국 음식점은 대도시가 아니면 만나 보기 힘들었어요. 그럴 때면 중국 식당으로 가서 누룽지탕이나 게살 수프를 시켜요. 중국 식당은 정말 어디에나 있어요. 베냉에서도 갔었고 잠비아에서도 갔었죠. 중국 음식점은 대체로 붉은색과 황금색으로 장식되어 있어 찾기도 쉬워요.

중국인들뿐만 아니라 중국 정부 차원의 지원도 활발해

요. 그동안 서양 국가들은 원조를 베풀거나 경제 교류를 할 때 아프리카에 민주주의나 인권이라는 조건의 시행을 요구할 때가 많았던 반면 중국은 경제적 이익만 얻을 수 있다면 어떤 국가와도 교류하고 때로는 '통 크게' 베풀어 아프리카 정책 시행자들에게 인기를 끌고 있어요.

특히 건물을 많이 지어 주기로 유명해요. 2012년에는 에티오피아 아디스아바바에 아프리카 연합 본부 청사를 2억 달러를 들여 건설했어요. 또 서부 아프리카 국가들이 모여 경제 부흥을 위해 노력하는 기관인 서아프리카 경제 공동체Economic Community of West African States, ECOWAS 청사를 나이지리아 아부자에 짓고 있기도 하죠. 또 잠비아에는 국제회의 센터를, 세네갈에는 흑인 문명 박물관을, 부룬디에는 대통령궁을, 짐바브웨에는 국회 의사당 청사를 짓고 있습니다. 그중 완공된 것도 있어요.

우리나라 건설사가 놓은 카중굴라 대교

그럼 우리나라는 아프리카와 어떤 경제적 교류를 하고 있을까요? 우리나라는 2006년 처음으로 한-아프리카 정상

회의를 열었어요. 또 2017년에는 외교부 산하에 한국과 아프리카의 교류를 촉진하고 아프리카 지역을 연구하기 위한 한-아프리카 재단을 설립했습니다. 한국 국제 협력단, 대한 무역 투자 진흥 공사, 한국 수출입 은행 등이 주축이 된 정부 주도의 원조·투자·경제 교류도 활발히 하고 있고요.

제가 동남부 아프리카 여행 팀을 인솔하며 보았던 장면을 하나 소개할게요. 남부 아프리카의 잠비아, 짐바브웨, 보츠와나, 나미비아 사이에는 카중굴라라는 지역이 있습니다. 세계에서 유일하게 4개 국가의 국경이 만나는 곳이에요. 그곳에서는 세계 3대 폭포인 빅토리아 폭포가 있는 잠베지강과, 코끼리 수만 마리가 모여 사는 초베강도 만납니다. 이 강폭이 채 400미터가 되지 않을 정도로 좁아요. 그런데 그동안 잠비아에서 보츠와나로 국경을 넘으려면 배를 타야 했죠. 저같이 스쳐 가는 여행객이야 살짝 물이 튀는 보트를 타고 낭만을 즐기면 그뿐이지만 현지 사람들이나 무역을 하는 사람들은 어떨까요? 자동차를 실은 채 뒤뚱거리는 작은 화물선을 볼 때마다 불안했던 기억이 나요.

그런데 이곳에 얼마 전 카중굴라 대교가 생겼습니다! 우리나라 건설사가 2014년 말 착공해 2020년 준공한 다리죠. 저는 이곳을 2017년부터 봐 왔는데, 사람이 다닐 수 있도록 임시 교각이 생겼다가 사라지더니 근사한 다리가 놓이는 모습까지 보았어요. 정말 감격스러웠습니다. 우리나라도 이렇게 아프리카와 경제 교류를 활발히 하는 중이에요.

혹시 여러분도 아프리카에 흥미가 생긴다면, 자신의 미래를 아프리카에서 개척해 보는 건 어떨까요?

9
아프리카의 초록색 미래

쓰레기 문제

2020년 2월 중순까지만 해도 저는 일하던 여행사에서 3월 초 출발 예정인 아프리카 8개국 팀 여행을 준비하고 있었어요. 그런데 지금도 정확하게 기억하는 날인 2월 23일, 우리나라에서 코로나19 확진자 수가 폭발적으로 증가하기 시작했고, 그 뒤 저는 동남부 아프리카 각지의 호텔, 여행업체와 여행 연기를 상의하느라 바쁜 나날을 보냈습니다. 그리고 그해 4월부터 회사를 쉬게 되었지요. 언제 다시 일할 수 있을지 알 수 없던 그때, 저는 제주 바닷가의 작은 마을에서 지내면서 원 없이 책을 읽기로 했습니다. 그때 만난 책이 이동학 작가가 쓴 《쓰레기책》입니다. 거기엔 아프리카 이야기도 들어 있었어요. 이 책을 읽고 저는 아프리카의 환경 문제에 대해 깊이 생각해 보게 되었습니다.

도시는 인간에게 무척 편리한 곳이지만 각종 환경 문제를 일으키는 곳이기도 하죠. 다큐멘터리 〈자연을 지키는 7가지 믿음〉에 따르면 도시는 지구 육지의 2퍼센트를 차지하지만 온실가스의 70퍼센트를 발생시키는 주범이라고 해요. 아프리카의 환경 문제를 좀 더 살펴볼까요?

이집트 수도 카이로는 그 범위가 점점 확장되면서 다양한 도시 문제가 발생했습니다. 그중 하나가 쓰레기 처리 문제예요. 카이로에서 발생한 하루 평균 4천~5천 톤의 쓰레기가 카이로 외곽의 모카탐이라는 곳으로 들어갑니다. 이 모카탐에는 '자발린'들이 살고 있는데, 자발린이란 '쓰레기를 줍는 사람들'이라는 뜻이에요. 어른 아이 할 것 없이 쓰레기를 줍고 정리해 얻은 월 5만~7만 원의 수입으로 살아간다고 해요.

아프리카에는 이렇게 안에서 발생하는 쓰레기 말고도 이른바 '선진국'들에서 들어오는 쓰레기 양이 만만치 않아요. 케냐, 탄자니아 등 연안 국가의 항구에는 개발 도상국에 기증하겠노라 보내온 각종 옷가지와 생필품이 가득해요. 그중에는 멀쩡한 옷도 많습니다. 현지에서 소비되지 않거나 철을 넘겨 가치를 잃어버리면 쓰레기가 되는 거죠. 이를 두고 《쓰레기책》의 저자는 "언젠가 쓰레기가 될 물건들이 개발 도상국으로 몰리게 되는 구조"[1]라고 표현해요.

이에 대해서는 맥스 알렉산더의 《아프리카의 배터리 킹》에서도 언급되어 있어요. 서구 사람들이 쓰기에 그다지 안전하지 않은 제품이 결국 아프리카에 팔린다고요. 혹은 선의로 기부된 것도 결국 쓰레기가 된다고요.[2]

사실 저는 아프리카 대륙으로 수 차례 향했으면서도 이런 문제에 대해서는 큰 자각이 없었습니다. 아는 만큼 보인다는 말이 사실인 걸까요? 그러고 보니 제가 가나의 수도 아크라에 살 때 자주 갔던 라바디 해변이나 코코로비테 해변에도 한쪽에서 쓰레기가 둥둥 떠다니고 있었습니다. 그때는 그 심각성을 잘 느끼지 못했지만요.

플라스틱 쓰레기는 바다를 건너서

오늘날 환경 오염의 주범 중 하나인 플라스틱이 처음 개발된 것도 아프리카와 관련이 있습니다. 1860년대 이전까지만 해도 당구공은 코끼리 상아로 만들었어요. 1860년대에 당구의 인기가 치솟으면서 상아의 수요도 높아졌죠. 이때 많은 코끼리가 희생되었어요. 코끼리가 많이 사는 콩고 민주 공화국 사람들 또한 손발이 잘리거나 심지어 죽임을 당하기도 했습니다. 19세기 후반에 벨기에 왕 레오폴트 2세가 이 지역을 사유지로 만들고 고무와 상아를 착취하면서 이 지역 사람들이 하루 할당량을 채우지 못하면 끔찍한 폭력을 거침없이 가했지요.

그렇게 얻은 상아로 당구공, 피아노 건반 등을 만들었는데 코끼리 수가 점점 줄어드니 그 가격은 치솟았고, 사람들은 대용품을 찾아내야 했어요. 화학자들의 노력으로, 피와 눈물이 담겼던 코끼리 상아 당구공이 합성 화학 물질, 플라스틱으로 대체됩니다. 그것이 플라스틱의 시작이었지요.

지금 플라스틱은 어떤가요? 길에서 가장 많이 볼 수 있는 쓰레기는 일회용 플라스틱 컵입니다. 또 유행 탓에 한

철 입고 버려지는 옷가지들도 폴리에스터 같은 플라스틱 재료로 만들어지지요.

　플라스틱은 재활용하기도 쉽지 않아요. 플라스틱은 무엇을 결합시켜 만들었느냐에 따라 그 종류가 7가지가 넘는데, 이것이 서로 섞이거나 오염된 플라스틱이 들어가면 재가열하여 새 상품으로 만드는 데 한계가 있습니다. 국제 협력 개발 기구OECD에 의하면 전 세계 플라스틱의 약 9퍼센트만 재활용되고 있다고 해요.[3]

　2021년에만 전 세계에서 1억 3,900만 톤의 플라스틱 쓰레기가 발생했다고 하는데,[4] 땅이 모두 수용하지 못한 이 쓰레기는 바다로도 흘러듭니다. 그 양이 연 평균 1천만 톤이 넘는다고 해요. 1분당 쓰레기 트럭 한 대 분량의 플라스틱이 바다에 버려지고 있는 거죠.[5]

　이렇게 바다로 흘러든 플라스틱 쓰레기는 해류를 타고 전 세계를 여행합니다. 가나가 있는 기니만에서는 남극 쪽에서 흐르는 벵겔라 해류와 적도 해류가 만나고 흩어져요. 그러면서 바다의 부유 물질을 모으고 흩고 있지요. 서아프리카 해안 쓰레기의 정확한 출처에 대해 연구된 바는 없지만, 대서양 한가운데에 떠 있는 영국령 어센션섬에서 힌트를 찾을 수 있어요. 2022년 BBC의 취재에 응한 자연 보호 활동가들에 따르면, 이 섬에 몰려온 쓰레기는 중국, 일본, 남아프리카 등에서 온 것이라고 해요.[6] 어쩌면 우리도 서아프리카 해안에 쓰레기가 쌓이는 데 일정 부분 기여했을지도 몰라요.

아프리카의 자연을 지키는 사람들

자연을 파괴하는 것도 인간이며, 보존하고 순응하고 복구할 수 있는 것도 인간이겠죠. 아프리카에는 자연 보호를 위해 애쓰는 사람들이 많습니다. 구정은의 《카페에서 읽는 세계사》는 인권·환경 운동가 켄 사로위와의 목소리를 전해 줍니다.

나이지리아의 남부 유전 지대인 니제르 델타는 니제르 강이 바다와 만나는 곳에 형성된 삼각주인데요, 네덜란드 왕립 석유 회사인 로열 더치 쉘이 1970년대부터 원유를 캐내면서 이곳의 나무를 베어 내고 환경을 파괴했어요. 1993년에는 파이프라인을 만든다며 원유가 새어 나가는 데도 방치했죠. 이에 선주민 운동가이자 시인인 사로위와를 비롯해 오고니 사람들은 항의하는 캠페인을 벌였고

이 이야기는 세계적으로 알려져 쉘에 대한 여론이 악화되었지요. 하지만 당시 나이지리아의 군사 독재 정권은 쉘의 편을 들어 사로위와, 함께 활동하던 오고니의 여러 활동가를 탄압하고 결국 처형했습니다.

비록 사로위와는 형장의 이슬로 사라졌지만, 이 사건은 국제 사회의 분노를 불러일으켰습니다. 국제 연합과 유럽 연합, 미국 등은 사형을 집행한 나이지리아 정부를 규탄하며 무기 금수 조치, 군사 정권 구성원에 대한 여행 제한 등을 실시했습니다. 남아프리카 공화국을 비롯한 여러 아프리카 국가의 수장들도 나이지리아의 결정에 반대하는 목소리를 냈죠.

그리고 사로위와의 가족들이 로열 더치 쉘에 건 소송이 사로위와 사후 14년 만에 열려 쉘은 1,550만 달러의 보상에 합의했죠. 비록 쉘은 이것이 과거의 잘못에 대한 배상이 아닌, 오고니인들을 위해 베푸는 인도주의적 지원이라며 잘못을 끝까지 부인했지만요. 게다가 쉘의 기름 유출로 인한 니제르 삼각주 오염 문제는 현재까지도 계속되고 있습니다.

사로위와가 속한 조직이었던 '오고니인 생존 운동Movement for Survival of the Ogoni People, MOSOP'은 오고니인들의 땅을 오염으로부터 보호하려는 운동을 계속하고 있습니다. 또 켄 사로위와의 이름을 따서 만들어진 재단도 오고니 아이들 및 가난한 이들을 위한 복지 활동을 활발히 벌이고 있어요. 사람을 변화시키는 것이 세상을 변화시키는 것의 시작이라면, 켄 사로위와는 니이지리아 사람들 곁에 여전히 살아서 변화를 이끌고 있습니다.

케냐의 나무를 지킨 왕가리 마타이

이렇게 멋진 환경 운동가가 케냐에도 있습니다. 2004년에는 케냐의 환경 운동가이자 민주주의 투사인 왕가리 마타이가 노벨 평화상을 받았습니다. 왕가리 마타이는 동아프리카 최초의 여성 박사로, 나무를 심는 그린벨트 운동을 주도했고 독재 정치에 맞선 민주화 운동도 벌였습니다.

환경 운동가로서 마타이는 케냐의 천연림이 상업적 가치가 있는 외래종으로 대체되는 현상이 끼칠 해악을 일찌감치 알아봤어요. 외래종은 토착 식물과 동물을 멸종시키고, 이는 토지가 비를 머금지 못하게 하죠. 그런 기간이 길어지면 지하수는 말라 가고 강과 시내의 수량은 줄어들어요.

또 케냐의 많은 땅이 주민들의 주식을 재배하는 농토가 아닌, 커피와 차나무 같은 환금 작물을 위한 밭으로 변한 것도 문제였어요. 이 때문에 먹을 것이 없어 영양실조에 걸린 사람마저 있었습니다. 식수나 식량 같은 제한된 자원을 둘러싸고 이웃 간에 갈등이 빚어지기도 했지요.

그래서 마타이는 그린벨트 운동을 시작했어요. 황폐해진 땅에 지역민 스스로 토종 나무를 길러 직접 근처에 옮겨 심게 했고, 국제 구호 단체, 기업 등의 후원을 받아 이러한 활동에 보상을 하기도 했습니다. 주민 교육을 통해서도 이 활동의 중요성을 인지시켜 풀뿌리 환경 운동이 기능하게 했죠. 2011년, 마타이가 세상을 떠난 후에도 이런 조직은 살아남아 케냐 전국에서 5천 개 이상이 활동하고 있다고 합니다. 그리고 지금까지 40여 년 동안 나무를 5천만 그루 넘게 심었다고 해요.[7]

환경 선진국들

저는 아프리카의 르완다와 케냐, 모로코, 가봉을 환경 선진국이라고 이야기하고 싶습니다. 케냐는 2017년 자국 내에서 비닐봉지를 사용 금지했고, 이를 어길 경우 우리나라 돈으로 약 4천만 원에 달하는 벌금을 내게 했어요. 르완다 역시 2008년부터 비닐봉지 사용을 금지했고, 이후 플라스틱 포장재까지 사용을 금지했어요.

르완다, 케냐 같은 나라들이 비닐 문제를 심각하게 받아들였던 이유는 여러 가지가 있습니다. 우선 플라스틱의 수거, 재활용 시설이 갖춰지지 않은 채 내외부에서 들어온 비닐 쓰레기들 때문에 땅이 황폐해져서 농사를 제대로 지을 수 없었어요. 아무 데나 버려진 비닐 쓰레기가 배수 시설을 막아 홍수를 일으키기도 했지요. 농민들의 주요한 자산인 소들이 길가에 버려진 비닐 쓰레기를 먹고 죽는 일도 빈번히 일어났고요.

그래서 르완다에서는 전통적으로 사람들이 모여 공동체의 일을 협력해 해결하는 우무간다Umuganda 관행을 활용했습니다. 이것을 매월 마지막 토요일에 18세에서 65세 사이의 신체 건강한 사람들이 모여 의무적으로 동네를 청소하고 공익을 위해 활동하는 현대적인 제도로 바꾼 거죠. 그 결과 르완다는 오늘날 세계에서 가장 깨끗한 나라 중 하나로 손꼽히고 있습니다.

기후 변화로 인류의 생존이 위협받는 오늘날, 아프리카

는 재생 에너지라는 새로운 길을 우리에게 제시하기도 합니다. 아프리카 대륙은 아시아 다음으로 넓은 영토를 자랑하는 반면 인구 밀도는 낮고 일조량이 풍부해요. 그래서 태양 에너지와 풍력, 지열 등을 이용한 각종 개발 환경이 활발히 조성되고 있습니다.

대표적으로 2019년에 탄생한 모로코의 누르 와르자자트Noor Ourzazate를 들 수 있습니다. 이 시설은 여의도 10배 크기로, 세계 최대 규모의 집중형 태양열 발전소예요. 수백만 가구에 전기를 공급할 수 있는 전력을 생산합니다. 이산화탄소 배출량 감축 효과도 연간 76만 톤으로 환경에 기여하는 바도 매우 크고요.[8]

이외에도 아프리카에서는 독립형 혹은 소규모 태양광 발전 시스템을 개발해 전력 보급률이 상대적으로 낮은 농촌 지역에 안정적으로 전기를 공급하고 있어요. 또 니제르, 차드, 케냐, 우간다, 남아프리카 공화국 등 일부 지역은 고품질 풍력 자원을 가지고 있지요.

가봉도 환경 보호에 있어 중요한 나라예요. 가봉은 국토의 88퍼센트가 삼림으로 뒤덮인 곳입니다.[9] 그래서 국가는 삼림 벌채를 막고 천연자원을 지속 가능하게 관리하는 데 힘쓰고 있죠. 이러한 노력으로 가봉의 국내 코끼리

수가 약 30년 만에 6만 마리에서 9만 5천 마리로 증가하는 등 생물 다양성 증가에도 효과를 보이고 있어요.[10] 그리고 2021년에는 탄소 배출량보다 흡수량이 많은 국가로서 세계 처음으로 탄소 배출권을 노르웨이와 거래하여 수익을 창출하기도 했죠.

지구 구성원으로서, 환경 선진국으로서 다방면으로 노력 중인 아프리카 나라들의 초록 미래를 함께 응원해요!

10
소말리아의 남다른 사정

소말리인들의 나라

세상은 참 좁고도 넓어서, 우리가 안다고 생각한 세상 외에
도 다른 세상이 있기 마련이죠. 아프리카에도 그런 곳이 있
어요. 안 그래도 생소한 아프리카에서 더더욱 감추어져 있
는 것처럼 느껴지는 지역이지요. 그런 낯선 곳으로 한번 가
볼까요?

아프리카 지도를 보면 동쪽 지역에 뿔처럼 솟아 있는
지형을 보실 수 있어요. 이곳을 '아프리카의 뿔'이라고 부

르죠. 소말리아, 지부티, 에리트레아, 에티오피아 등이 있는 곳입니다.

이 중 소말리아는 정말로 복잡한 역사를 가진 나라예요. 제국주의 이후, 아프리카의 다른 국가들이 여러 민족이 뒤섞여 세워진 데에 반해 소말리아는 '소말리어를 쓰는, 소말리인'의 나라로서 1960년에 세워집니다. 아프리카에서는 흔치 않은 경우예요. 하지만 과거에 영국, 이탈리아, 프랑스가 1884년 베를린 회담 이후 이곳을 찢어 통치했던 아픔이 있는 데다, 독립 이후 이웃 나라 에티오피아와 영토 분쟁을 겪으면서 몸살을 앓아요. 그 과정에서 내전도 일어나고요.

에티오피아와 벌인 오가덴 전쟁은 잘 알려져 있어요. 소말리아와 에티오피아가 국경을 맞대고 있는 오가덴 지역은 원래 소말리인들의 땅이었습니다. 지금도 여전히 소말리인이 많이 살고 문화적으로도 소말리아와 겹치는 부분이 많아요. 하지만 19세기 후반 에티오피아의 메넬리크 2세가 이곳을 점령해요. 그 이유에는 여러 가지가 있는데, 먼저 내륙 국가인 에티오피아는 인도양으로 향하는 길목을 차지하고 싶어 했습니다. 또 이탈리아, 영국 등이 소말리아에 권력을 행사하자 당시 아프리카에서 유일한 독립국이었던 에티오피아는 오가덴을 점령함으로써 강하고 독립된 국가의 이미지를 국제 사회에 드러내고 싶어 했어요. 그렇게 오가덴은 에티오피아의 땅이 되었죠.

1970년대 후반, 소말리인들은 영토를 되찾으려는 전쟁을 벌였습니다. 소말리아의 선제공격으로 시작된 전쟁은 소련과 유럽 국가들이 군사 지원에 나서면서 대리전의 성격을 띠게 됩니다. 처음에는 소말리인들이 오가덴 지역 대부분을 점령하고 에티오피아 땅까지 얻어요. 하지만 곧 전세가 역전되어 전쟁이 일어난 지 약 1년 만에 에티오피아는 소말리아가 빼앗았던 영토를 대부분 되찾죠. 그 뒤 소말리아는 휴전에 합의하고 전쟁은 공식적으로 끝이 납니다.

전쟁이 일어나면 승패를 떠나 가장 많이 희생되는 이들은 평범한 사람들일 거예요. 이 전쟁으로 에티오피아, 소말리아 할 것 없이 몇만 명이 목숨을 잃었고 또 셀 수 없이 많은 난민이 생겨났지요.

그 이후로도 소말리아의 혼란은 계속됩니다. 독재자 시아드 바레의 부패한 통치하에서 인권 침해와 경제 침체가 지속되자 권력에서 배제됐던 각종 씨족 세력이 들고일어났고, 1988년에 반란이 일어나 1991년에 바레 정권은 몰락합니다. 그 뒤 소말리아는 각종 파벌과 군벌이 난립하는 사실상 무정부 상태에 들어서게 됩니다. 아직도 소말리아는 안정을 되찾지 못한 상태예요.

독립했지만 인정받지 못하는 소말릴란드

그런데 그 소말리아 안에 소말릴란드라는 곳이 있다는 것, 아시나요? 국제 사회에서 승인받지 못한 곳이어서 아마 들어 보지 못했을 겁니다.

소말릴란드는 "완전한 독립을 이뤘는데도 정치적으로 완전히 고립되어 있다는 점"[1]에서 독특한 사례로 꼽히죠. 소말릴란드는 영국의 식민지였다가 1960년에 독립합니다. 국제 사회도 이 독립을 승인했었지요. 하지만 승인한 지 닷새 후, 이탈리아령이었던 남부 소말리아가 독립하자 이 둘은 합병됩니다. 물론 이는 소말리인들이 더 크고 통합된 국가를 세우겠다는 뜻에 따른 것이었어요. 하지만 양국이 합쳐진 후 원래부터 비옥했던 남부 지역 모가디슈가 수도로 지정되면서 모든 국가적 자원과 정치, 경제적 힘이 남부로 집중되게 되죠.

이 지역을 연구한 일본인 학자 다카노 히데유키에 따르

면, 무정부 상태의 갈등이 계속되는 남부 소말리아와 달리 북부의 소말릴란드는 상대적으로 평화롭답니다. 그리고 소말리아와의 분리 및 국가로서의 인정을 바라요.[2] 하지만 국제 연합을 비롯해 세계 어디에서도 이곳은 국가로 인정받지 못하죠. 그것을 인정했다가 더 큰 혼란이 일어날까 하는 우려 때문이에요.

아프리카 대륙의 국경들은 앞서 말한 것처럼 많은 부분이 억지스러워요. 애초에 국민의 성향이나 사회 문화적 배경을 고려하여 형성된 국경이 아니거든요. 그러니 지금 존재하는 국경들을 새로 규정하기 시작하면 많은 곳에서 자기 주장을 외치는 아우성이 들릴 수 있어요. 그러니 국제 연합으로서는 어느 지역을 새로운 주권 국가로 승인하는 것을 꺼리지요.

해적이 사는 푼틀란드

소말리아 안에는 푼틀란드라는 곳도 있습니다. 이곳은 공권력이 약한 소말리아 내에서 자치 국가를 선언한 곳으로, '해적 국가'예요. 우리의 국가 개념으로 보면 소말리아의 한 행정 구역이지만 제대로 관리되고 있지 않지요.

해적이라고 하면 합법의 범위를 벗어난 무시무시한 사람들을 상상할 거예요. 어쩌면 영화 〈캐리비안의 해적〉에서 보듯 늘 취한 듯한 모습으로 바다 너머를 몽상하는 낭만적인 이미지를 떠올릴지도 모르겠어요.

하지만 푼틀란드의 해적들은 먹고살기 위해 이 '직업'을 선택한 가난한 이들에 더 가깝습니다. 이곳은 이집트의 수에즈 운하를 지나 유럽, 중동, 아시아를 최단 거리로 연결하는 항로로써 굉장한 경제적 가치를 지니고 있어요. 이런 곳에서 해적 일을 하며 생계를 꾸리는 것이지요.

해적 일을 옹호할 수는 없지만 이들에게도 사정은 있어요. 정부는 부패로 얼룩져 있고 국토는 사막화되어 사람들은 굶주림에 시달리고 있는데, 외국 배가 소말리아 앞바다의 물고기를 쓸어 갑니다. 황폐한 땅에서 먹을 것을 찾아 배를 타는 어부들의 식량마저 뺏어 가는 거예요. 외국 배는 심지어 유독성 쓰레기를 갖다 버리기도 해요.

그렇게 점점 생계가 막막해진 사람들은 해적이 되어 불법 조업하는 어선들을 위협하며 배와 선원들을 납치합니다. 선원들을 구하기 위해 배가 소속된 국가가 엄청난 합의금을 줄 것을 기대하면서요. 이것이 하나의 '사업'이 되자 이 '사업'에 투자하는 사람들도 생겨납니다. 그중에는 외국의 자본가나 지식인도 있어요. 해적단에 돈이나 무기를 투자하고 선박 납치에 성공하면 수익을 배분받는 체계. 이것을 어떻게 생각해야 할까요? 이런 복잡한 사정을 알고 나면 무조건 해적만 비난할 수는 없다는 것, 그리고 소말리아는 단순하게 이해하기 어려운 나라라는 것을 깨닫게 됩니다.

11
아프리카에도 섬이 있다

유럽과 아프리카와 인도가 만나는 곳

이제 바다를 한번 건너 보죠. 아프리카에도 섬나라가 있을
까요? 당연히 있습니다. 가장 큰 섬인 마다가스카르를 포
함하여 동아프리카 해역 인도양의 코모로, 세이셸, 모리셔
스와 서아프리카 연안의 카보베르데, 상투메 프린시페 등
총 6개 나라가 있지요.

　우선 인도양의 섬나라 모리셔스로 가 볼까요? 모리셔스
는 포르투갈이 향신료 무역을 하려고 인도를 향해 동아프

리카 해안을 지날 때 들르던 섬이죠. 그래서 이곳은 유럽, 아프리카, 인도 등의 문화가 만나는 곳이었어요.

인도양을 중심으로 동아프리카와 중동, 남인도와 동남아시아 지역 간에 상품을 교류한 것은 적어도 기원전 1500년 전부터라고 알려져 있습니다. 그래서 모리셔스 또한 그 교역로의 거점 중 하나였으리라 추측할 수 있으나, 기록된 역사는 비교적 짧은 편입니다. 1500년경의 지도에 이 지역을 일컫는 '디나 아로비'라는 아랍어 이름이 남아 있기는 하지만, 본격적으로 역사가 쓰인 것은 포르투갈의 항해자 페르난데스 페레이라가 1511년 이 섬에 상륙한 이후예요.

그 이후에는 그저 선원들이 오가는 섬이었고, 1698년에 네덜란드 함대가 네덜란드 왕자 모리스 반 나소의 이름을 따 이곳의 이름을 모리셔스라고 짓습니다. 18세기에는 프랑스인들이 정착했고 19세기 초반에는 영국이 이곳을 점령하기도 했죠.

그러면서 섬 곳곳이 사탕수수를 재배하는 대농장으로 변해 갔어요. 그 과정에서 식민 제국들이 노동력으로 데려온 동아프리카, 인도, 중국, 마다가스카르, 유럽 사람들이 이 섬에 도착합니다. 그렇게 이곳의 문화는 섞여 갑니다.

모리셔스는 무인도였을까?

서양 역사가들은 유럽인이 도착하기 전에 모리셔스는 무인도였다고 썼어요. 하지만 정말 그랬을까요? 영국 소설가 대니얼 디포의 장편 소설 《로빈슨 크루소》에서 로빈슨 크루소가 닿은 곳은 '무인도'였어요. 하지만 그곳에는 로빈슨 크루소가 금요일에 만났기에 '프라이데이'라고 이름 지은 사람이 있었잖아요?

저는 모리셔스에 대한 기록도 그런 식으로 쓰인 것이 아닐까 하고 생각해요. 기록이 없으니 아무도 정확한 진실을 알 수는 없을 겁니다. 하지만 그렇다고 해서 함부로 그곳이 무인도였다고 단정 지을 수는 없습니다. 이렇게 기록된 자료에도 편견이 스며 있지는 않은지 비판적으로 바라볼 필요가 있어요.

오늘날 모리셔스의 인구는 인도계 68퍼센트, 혼혈인(크레올) 27퍼센트, 중국계 3퍼센트, 프랑스계 등으로 구성되어 있어요.[1] 그래서 인도와 멀리 떨어진 이 작은 섬에서도 인도 음식을 맛볼 수 있습니다.

최근 모리셔스는 신혼 여행지로 각광받고 있어요. 그래서 외진 해변에 고급 리조트가 늘어나고 있습니다. 하지만 저는 이곳에 간다면 현지 문화와 동떨어진 고급 리조트에만 머물며 휴양을 즐기기보다, 그동안 보지 못했던 넓은 세상을 온몸으로 만나 보고 싶어요. 그러다 보면 저의 경계도 넓어질 거라 믿습니다.

애수가 흐른다, 카보베르데

이번에는 아프리카 서쪽의 카보베르데로 가 볼까요? 이 섬에는 어딘가 모르게 애수가 흘러요. 너무 척박해서 살기가 어려워 가족과 친구들을 뒤로하고 떠날 수밖에 없었던 사람들의 슬픔이 가득한 곳이기 때문입니다.

카보베르데는 세네갈 앞바다에 떠 있는 섬이에요. 그리스 신화에 나오는 메두사가 상대의 얼굴을 쳐다만 봐도 돌로 변하게 하는 저주를 받은 후 숨어 살았던 섬으로 추측되기도 하지요. 고대에는 페니키아인, 아랍인, 무어인이 이곳을 찾아오기도 했지요. 15세기부터는 포르투갈이 인도로 가는 항로를 찾기 위해 서아프리카를 따라 항해할 때 항해 초반에 만나는 지역이었습니다. 또 아프리카를 떠나 대서양으로 향하는 노예 무역선들이 정박하는 곳이기도 했어요.

포르투갈이 '대항해 시대'를 시작하고 얼마 되지 않은 15세기 중반, 이곳에 포르투갈 항해사들을 비롯해 일부 포르투갈인들이 사는 정착지가 형성됩니다. 하지만 이곳은 건조하고 더우며, 비도 많이 오지 않아 식량을 구하기에 쉬운 환경은 아닙니다. 그래서 카보베르데는 항해사들과 서아프리카 노동자들이 모여 살았다가, 또 먹고살기가 어려워 다른 곳으로 떠나는 이별의 장소가 되지요. 현재 이곳 인구의 71퍼센트가 혼혈 인구로 구성되어 있습니다. 주로 포르투갈계 백인과 서아프리카 출신 흑인들의 피가 섞였지요.

이런 카보베르데를 전하는 책으로 '아프리카 마치'라는 아프리카 연구 모임에서 쓴 《카보베르데, 당신이 모르는 아프리카》가 있습니다. 이 책에는 이런 구절이 있어요.

"그렇다면 카보베르데 사람은 '아프리카인'일까요? '유럽인'일까요? (중략) 애초에 정해진 답도 없고, 설령 있다 하더라도 억지로 강요할 순 없어요. 나를 가장 나답게 만드는 것이 무엇인지는 개인의 경험과 문화적 배경, 사회적 역할을 바탕으로 스스로 정의할 수 있어야 하니까요. 정체성은 '다중적'이고 '가변적'인 것이기 때문이죠."[2]

이는 카보베르데를 이해하는 데에 꼭 필요한 시선일 거

예요.

카보베르데 출신인 유명한 사람으로 세자리아 이보라가 있어요. 2004년, 미국에서 유서 깊은 대중 음악상인 그래미상을 받기도 한 이보라는 카보베르데의 전통 음악 '모르나'를 노래하는 가수입니다. 가난한 집안 출신으로 맨발로 선술집이나 잠깐 정박한 배 위에서 노래를 부르던 가수지요. 그래서인지 이보라의 노래에는 어딘가 모르게 애수가 흘러요.

2011년 사망하기 전까지 이보라는 유럽 여러 나라를 순회하며 모르나를 세계적으로 알렸을 뿐 아니라 유엔 세계 식량 계획 등의 활동에 참여했습니다. 이런 이보라를 기려 카보베르데를 구성하는 여러 섬 중 하나인 상비센트섬에 있는 공항은 세자리아 이보라 국제공항이라고 이름 붙여졌어요.

아프리카 국가 중 가장 인구가 적은 국가로 손꼽히는 카보베르데. 저도 언젠가 한번 꼭 항해사의 옷을 입고, 망망대해를 꿈꾸는 사람의 마음으로 방문해 보고 싶습니다.

세상에서 벗어나고 싶을 때, 상투메 프린시페

아프리카에는 우리가 모르는 장소가 참 많죠? 문득 섬나라 상투메 프린시페를 여행하러 떠났던 날이 생각나네요. 상투메 프린시페는 대서양의 섬나라로, 카보베르데와 비슷한 역할을 했던 지역입니다. 가나에서 근무하던 시절 저에게 상투메 프린시페는 마치 상상 속 밀림 같은 나라였어요. 함께 근무하던 분들이 여행을 좋아하는 저에게 "정화 씨, 세상에서 벗어나고 싶을 때 상투메 프린시페에 한번 가 봐요"라고 했었거든요.

그래서 저는 2016년, 정말 아무 준비도 하지 않은 채 상투메섬의 공항에 닿습니다. 그리고 곧 깨달았죠. 저는 그곳 사람들이 무슨 언어를 사용하고 어떤 돈을 쓰고 어떤 관광지가 있는지 아무것도 모른 채 도착했다는 것을요.

오후 늦게 도착한 당일에는 여차저차 환전과 숙소 체크인에 성공하고, 그다음 날부터 아무 정보도 없이 친구와 함께 해안을 달렸어요. 없는 길도 만들어 들어갔다가 차가 진창에 빠지는 바람에 해가 어둑어둑해질 때까지 땅만 팠던 기억이 나요. 그때 좀 더 그 나라를, 그 섬을 많이 알고 갔으면 어땠을까 하고 가끔 생각해요. 현지 초콜릿을 맛

보면서, 깊은 숲 트레킹을 하면서, 그곳에 녹아 있는, 떠날 수밖에 없고, 헤어질 수밖에 없었던 사람들의 애환을 깊은 마음으로 느낄 수 있지 않았을까 아쉬움이 듭니다.

이렇게 모르는 것들을 알아 갈 수 있어서 아프리카는 공부할수록 참 매력적인 대륙입니다. 생경한 것투성이지만, 공부할수록 여러 지식이 합쳐져 더 큰 앎이 만들어질 수 있어서 뿌듯하기도 하지요.

12
그들은 어쩌다 난민이 되었을까?

난민은 누구일까?

아프리카는 이미 부정적인 수식어를 너무 많이 가지고 있어서 이 책에서 저는 분쟁, 난민, 갈등 같은 주제를 피하고자 했어요. 하지만 달리 생각하면 분쟁과 갈등에 대한 공부를 통해 언제든 어느 누구에게든 이런 일이 발생할 수 있다는 것을 배울 기회를 피할 필요는 없다는 생각도 듭니다. 분쟁과 갈등은 비단 아프리카에만 일어나는 일이 아니라, 인류의 보편적인 문제이기도 하니까요. 그래서 여기에서도 한번 갈등과 분쟁 속으로 들어가 보고자 해요. 난민 이야기를 해 보려고 합니다.

유엔 난민 기구에 따르면 2021년 기준, 전 세계에 2,710만여 명의 난민이 있고, 5,320만여 명의 '국내 실향민'이 있다고 합니다. 그런데 난민이란 누구일까요?

유엔 난민 기구 설립의 근거가 되는 1951년의 '난민의 지위에 관한 협약'에 따르면 난민이란 "인종, 종교, 국적 또는 특정 사회 집단의 구성원 신분 또는 정치적 의견을 이유로 박해를 받을 우려가 있다는 충분한 이유가 있는 공포로 인하여 국적국 밖에 있는 자로서 그 국적국의 보호를 받을 수 없거나 또는 그러한 공포로 인하여 그 국적국의 보호를 받는 것을 원하지 아니하는 자"를 뜻합니다. 또 '국내 실향민'도 있는데 이들 역시 무장 분쟁, 자연재해, 폭력 상황 등 때문에 거주지를 떠날 수밖에 없었던 사람을 뜻하죠. 쉽게 말해, 전쟁과 폭력 때문에 자신이 나고 자란 곳을 떠났고, 돌아가기 어려우며, 그곳을 그리워하는 사람들이라고 할 수 있습니다.

분쟁 원인 하나, 사막화

전 세계적으로 박해, 폭력, 분쟁, 인권 침해 등이 늘어나면서 난민 수가 급증하고 있습니다. 아프리카도 예외가 아닙니다. 그런데 갈등이 일어나는 지역을 지도에서 확인해 보면 주로 사하라 사막의 남쪽 경계 부근이에요. 흔히 사헬이라고 부르는 곳이지요.

이 지역에서 갈등이 늘고 있는 이유 중 하나는 지속되는 사막화입니다. 그럼 사막화는 왜 일어날까요? 인구가 증가하고 그만큼 방목이 늘어나면서 사막화를 일으키기도 하지만 그보다 더 중요한 요인은 기상 이변이에요. 오랫동안 가뭄이 계속되는 거죠.

저는 사막이라고 하면 모로코나 나미비아처럼 모래 언덕에 누워 쏟아지는 별들을 바라볼 수 있는 낭만 가득한 사막만 생각해 왔어요. 하지만 제가 가 본 사헬의 모리타니 지역은 황톳빛 모래바람이 눈을 뜰 수 없게 만드는, 온통 누런 곳이었어요. 이런 곳에서 어떻게 사람이 살아갈 수 있을까 싶었지요. 실제로 이곳에서는 얼마 없는 자원을 두고 끊임없이 분쟁이 일어나고 있습니다.

사헬 지역에 있는 부르키나파소와 말리, 니제르의 사례

를 더 살펴볼까요? 이들의 국경 사이, 노란 흙빛만 가득한 곳에서는 이른바 극단주의자들의 활동이 활발합니다. 애초에 국가의 행정력과 군사력 등이 제대로 갖추어지지 않은 데다 기후 변화와 자원 부족 때문에 토지와 자원을 둘러싼 갈등이 악화되었어요. 여기에 가난 때문에 많은 청년이 극단주의자들의 활동에 포섭되었지요.

엎친 데 덮친 격으로 2011년에는 북아프리카의 리비아에서 민주주의 시위로, 40년 이상 집권한 무아마르 카다피 정권이 무너지고 반군과 정부군 사이에 내전이 벌어졌습니다. 그러면서 사헬 지역에서 무기를 공급받는 일도 더 쉬워졌지요. 수많은 이해 관계자가 권력과 통제권을 더 많이 가지려고 애쓰면서 지역 주민이나 구호 활동가에 대한 공격도 서슴지 않고 있죠.

니제르와 나이지리아, 차드, 카메룬 등이 국경을 맞댄

지역인 차드 호수 인근도 갈등이 심각합니다. 글을 쓰면서 구글 지도에서 '차드 호수'를 검색해 보았는데요, 온통 노란 가운데 푸른 기운이 약간 남아 있고, 호수는 여기저기 소규모로 흩어져 있었어요. 우승훈의 책 《내일을 위한 아프리카 공부》에 따르면 차드 호수는 지난 60년 동안 90퍼센트나 말랐다고 해요. 1963년에 2만 6천 제곱킬로미터의 넓이로 아프리카에서 가장 큰 담수호 중 하나였던 이곳은 현재 1,500제곱킬로미터에 불과하다고 하지요.[2] 그러니 이곳에서는 자원을 둘러싼 갈등이 이어지고 폭력 조직이 나서서 자원을 통제하는 등 충돌이 이어지고 있습니다.

분쟁 원인 둘, 식민지의 유산

식민 시절의 유산과 민족적, 종교적 갈등 때문에 난민이 생기기도 해요. 수단의 갈등은 식민 시절까지로 거슬러 올라가요. 수단은 1898년부터 1955년까지 영국의 통치를 받았는데, 당시 북부 지역과 남부 지역은 민족 구성도, 종교도 달랐습니다. 북부에는 피부색이 좀 더 희고 이슬람교를 믿는 아랍인들이 살고 있었고, 남부에는 피부색이 어두운 '흑인'들이 토착 종교와 기독교를 믿으며 살고 있었죠. 원래 분리해서 통치되어 교류가 적던 두 지역은 1946년에 북부 사람들의 압박에 의해 통합되어 관리됩니다. 그리고 북부 사람들이 권력의 중심에 있게 돼요. 남부 엘리트들은 통치권과 권력을 잃게 되죠.

그래서 1955년, 남부인들이 반란을 일으켰습니다. 반란은 이후 10여 년간 이어졌는데, 남부 지역에서 유전이 발견되면서 1983년에는 전쟁으로 치달았어요. 남부는 원래도 비옥했던 데다 유전까지 발견되었는데, 북부는 사막이 더 커지고 있던 상황이었지요. 그래서 북부 엘리트들은 남부의 천연자원에 대한 통제권을 갖고자 했어요. 그렇게 시작된 갈등은 2005년까지 이어져 그사이 무려 190만여 명이 죽고 400만 명 이상이 도피합니다. 이 전쟁은 "2차 대전 이후로 비전투원 사망자가 가장 많은 분쟁 중 하나"[3]였어요.

그 결과 탄생한 것이 새로운 나라, 남수단입니다. 2005년 평화 협정이 맺어진 후 2011년까지 남수단은 수단의 땅이면서 남부 수단 자치 정부의 형태로 존재했는데, 2011년에 열린 국민 투표에서 절대다수가 독립 국가 수립에 찬성표를 던졌죠. 그렇게 이제 갓 20대 청년이 된 남수단. 안타깝게도 갈등은 계속되고 있어요.

동두천에서 만난 나이지리아 사람들

나이지리아도 마찬가지입니다. 역시나 이곳을 식민 지배
했던 영국은, 나이지리아 사람들을 '부족'으로 구분함으로
써 이곳을 편리하게 통치하려고 했어요. 부족 간 갈등을 적
당히 이용하고 또 '말 잘 듣는' 부족을 활용하면서요. 그런
의도로 남동부의 이보인, 남서부의 요루바인, 북부의 하우
사인을 구분합니다. 이 중 이보인들과 요루바인들은 다수
가 기독교로 개종하고 영국의 식민 통치를 돕습니다. 이슬
람교를 믿는 하우사인들은 거기에서 소외되지요. 그런데
1960년, 나이지리아가 독립하면서 문제가 생기죠. 인구 수
로는 하우사인이 가장 많았거든요. 신생국인 나이지리아에
서 이보 사람들이 권력을 독점하려고 하자 하우사인들은
쿠데타로 권력을 잡아요. 그리고 식민 시절부터 감정의 골
이 깊었던 이보인과 요루바인을 억압하기 시작하죠.

그러자 동남부 지역의 이보인들은 비아프라라는 자신
들만의 나라를 세웁니다. 나이지리아로부터 분리 독립하

려는 거죠. 그 과정에서 내전이 일어나게 돼요. 유전이 있던 비아프라는 프랑스가 지원하고, 영국은 정부군에 물자를 지원하고, 범이슬람권 국가에 접근하던 소련도 개입하면서 곧 이 전쟁은 국제전이 되죠. 비아프라가 항복하는 1970년까지 950여 일간 지속된 전쟁에서 군인 10만여 명이 죽고, 450만여 명이 집을 잃었으며, 200만여 명이 굶어 죽었다고 합니다. 가히 비아프라 사람들의 한 세대가 사라졌다고 표현할 수 있을 정도지요.[4]

그렇게 전쟁은 끝났을까요? 저는 2022년 봄, 신기한 경험을 했어요. 서울에서 지하철로 약 1시간 30분 걸리는 동두천. 미군 기지가 있다가 이동한 후 쇠락한 동두천 보산동 일대에 아프리카인 1천여 명이 산다고 해요. 그중 90퍼센트가 이보인들이라고 합니다. 이건 세계적으로도 매우 드문 사례래요. 저는 이곳에서 열린 모임에 갔다가 이보인들을 직접 만난 적이 있습니다.

제가 찾아간 곳은 어느 허름한 건물의 지하. 그곳에 비아프라 사람들의 '독립 운동 단체'인 IPOB^{Indigenous People of Biafra} 동두천 본부가 있었습니다. 1970년대에 전쟁이 끝난 이후에도 비아프라 지역은 정부 지원에서 소외되었습니다. 도시와 멀리 떨어진 이곳에는 도로도, 전기도 제대로 놓이지 않았다고 해요. 그래서 전 세계로 흩어진 이보 사람들은 하나의 공동체를 형성하고 재무부, 복지부, 치안부 등 일종의 정부 체계를 갖추고 분리 독립 운동을 하고 있는 거죠. 그 모습을 보니 일제 강점기 시절 우리나라의 상해 임시 정부가 이렇게 활동했을까 하는 생각이 들더군요.

이들은 그곳에 방문한 저를 비롯한 여러 사람에게 국제 사회에서 비아프라 분리 독립에 지지와 연대의 손길을 보태 달라고 외치고 있는 셈이에요. 그런데 나이지리아와 정식 국교를 맺은 우리나라 입장으로서는 쉽지 않은 일이죠. 이 사례를 보면서 아프리카의 국경에 대해 다시 한번 생각해 보게 되었습니다.

본국 귀환이 최선일까?

그런데 난민은 이렇게 불안정하게 이동하는 이들만을 일컬을까요? 현재 세계에 있는 2,500만여 명의 난민 중 90퍼센트 가까이는 아프리카를 중심으로 개발 도상국에 머물고 있습니다. 난민을 가장 많이 수용하고 있는 곳은 바로 아프리카 대륙이며, 150개 가까운 난민 캠프 중 3분의 2가 아프리카에 있다고 해요.[5] 그리고 그중 절반 이상이 '장기화된 난민'이라고 합니다. 국제 연합은 난민 상태를 가져온 사건이 발생 후 5년 이상 지나면 '장기화된 난민 상태'라고 불러요. 유엔 난민 기구의 2015년 말 통계에 의하면 2,100만 명이 넘는 난민이 평균 26년을 난민 상태로 머물게 된답니다. 문제는 난민촌이 인간의 기본적인 욕구를 겨우 충족하는 정도의 환경을 갖추고 있다는 것이고요.

이렇게 그저 살아가는 이들의 모습을 책《아프리카인, 신실한 기독교인, 채식주의자, 맨유 열혈 팬, 그리고 난민》이 전합니다. 이 책은 가나에 있는 라이베리아 난민촌에서 장기화된 난민 상태로 머무는 이들의 삶을 일본인 인류학자 오마타 나오히코가 관찰하고 쓴 기록이에요. 제목이 의미심장해요. 난민이란 다양한 형용사로 묘사될 수 있는 개개인임을 나타내고 있지요.

저도 2021년 말부터 난민 2세 아이들을 위한 방과 후 학교에서 일주일에 한 번 오후 시간을 보내기 시작했습니다. 제가 하고 있는 활동을 소개하려면 '난민'이라는 말을 어쩔 수 없이 써야 하지만, 사실 이 아이들은 모두 평범한 초등학생들이에요. 대부분 한국에서 태어나 자랐지요. 이런 아이들에게 한 번도 가 본 적 없는 부모의 국가는 어떻게 다가올까요?

　제가 활동을 시작한 지 얼마 안 되었을 무렵 한 아이가 장래 희망으로 "우리나라 음식을 요리하는 요리사"가 되고 싶다고 하기에 저는 "어느 나라 음식? 나이지리아?" 하고 물었어요. 그랬더니 아이가 "아니요, 한식이요!"라고 대답했어요. 정말 미안했던 기억이 나요.

　국제 연합은 난민이 된 상황이 해결된 본국으로 난민들이 돌아가는 것을 궁극적인 해결책으로 보고 있어요. 그래서 난민들의 본국 귀환을 지원하고 있습니다. 그런데 이 아이들을 보면서 국제 연합의 '본국 귀환 프로젝트'가 실질적인 해답이 아닐 수도 있다는 생각이 들었습니다. 저긴 제목의 책을 쓴 오마타 나오히코도 바로 그런 이야기를 전하고 있지요.

13
디아스포라, 세계로 흩어진 사람들

인류의 발상지, 아프리카

디아스포라라는 말을 들어 본 적이 있나요? 이 말은 원래 고대 그리스어로 '이산'이라는 뜻으로, 팔레스타인을 떠나 세계 각지에서 살고 있는 유대인의 '대이주' '분산' 등을 상징해요. 그런데 후에 의미가 확장되어, 살던 지역을 떠날 수밖에 없었던 사람들, 나아가 고국을 떠나 사는 사람들을 통칭하는 말로 쓰이곤 해요. 우리나라 또한 일제 강점기에 만주로, 연해주로, 하와이로, 중앙아시아로 이주할 수밖에 없었던 디아스포라의 역사가 있죠.

아프리카인에게 디아스포라의 경험은 무엇이 있을까요? 시대를 거슬러 올라가면 '모든 인류의 역사가 아프리카 디아스포라의 역사'라고 할 수 있을 거예요. 인류는 아프리카 대륙에서 발상하여 전 세계로 흩어졌으니까요. 현재의 카메룬, 나이지리아 지역에서 발생한 반투 사람들이, 이르면 기원전 3천 년 전부터 식량과 더 나은 주거 여건을 찾아 아프리카 대륙을 횡단, 종단하여 동남부 아프리카로 두루 퍼져 나간 것도 아프리카인의 디아스포라예요. 이 이동은 기원후 500년까지 꾸준히 진행되었고, 현재도 반투계 민족들이 동남부 아프리카에 골고루 분포되어 있죠. 이런 내용은 앞서 소개한 책《총, 균, 쇠》에도 흥미롭게 쓰여 있습니다.

그 이후 15세기 초반 포르투갈이 아프리카 서해안 지역을 탐험하기 전까지 아프리카의 디아스포라에 대해서는 상대적으로 알려진 것이 적어요. 분명히 지중해와 인도양을 통해 이동했을 테지만요. 그래서 역사학자들은 주로 앞서 말씀드렸던 대서양 노예 무역으로 인한 움직임을 많이 연구하고 있지요. 특히 아프리카계 미국인 학자들이 이 역사 연구를 활발히 하고 있습니다.

알람브라 궁전에 담긴 사연

그런데 말라위의 역사학자 폴 젤레자Paul Tiyambe Zeleza는 아프리카 디아스포라는 다시 쓰여야 한다고 주장해요. 대서양 디아스포라에만 집중하는 것 또한 서양 중심의 패권주의를 반영하는 것이라 생각하기 때문이지요.

그래서 젤레자는 대서양 디아스포라뿐 아니라 아프리카 내 디아스포라, 지중해 디아스포라, 인도양 디아스포라 등으로 지역 구분을 다양화해야 한다고 주장합니다. 안타깝게도 그중 인도양, 지중해 디아스포라와 관련된 자료는 그 양이 매우 부족하거나 잘 정리된 상태가 아니라 파악이 힘들긴 합니다. 일부나마 남아 있는 기록을 바탕으로 지중해로 한번 가 볼까요?

많은 사람이 지중해를 유럽 문화권으로 이해하지만, 이곳은 중동의 이슬람 사람들과 아프리카 대륙의 아마지그 사람들이 교류했던 곳이기도 합니다. 예를 들어, 661년부터 약 90년간 중동에서 발흥했던 우마이야 왕조는 그 짧은 기간 동안 서아시아, 북아프리카, 스페인까지 영토를 넓힙니다. 비록 강압적인 통치로 왕조의 역사는 오래 가지 못했지만요. 또 1062년 모로코 남부 지역에서 아마지그인들이 세운 알 모라비드 왕조는 북아프리카뿐 아니라 스페인 남부까지 뻗어 대제국이 되었죠.

이 이름들이 아직 생소하다면 '알람브라 궁전의 추억' 이야기를 해 볼까요? 우리나라에서는 드라마 제목으로 더 알려져 있지만, 원래는 스페인의 클래식 기타 연주자인 프란시스코 타레가가 19세기 후반에 작곡한 기타곡 제목입니다. 같은 음을 반복하여 진동하듯 연주하는 트레몰로 주법이 쓰여 애절함이 일품이지요. 전해 내려오는 이야기로는, 타레가가 이루어질 수 없는 짝사랑에 아파하다 거절당한 후 스페인을 여행하다 그라나다에 있는 알람브라 궁전을 보고 쓴 곡이라고 해요.

아마지그인은 누구?

아마지그인은 우리에게 '베르베르'라고 알려진 민족입니다. 아랍인들이 북아프리카에 오기 전부터 북아프리카에서 살아온 선주민이지요. 그들끼리는 공통된 정체성을 지니고 있지 않던 씨족, 지역적 공동체를 외부에서 묶어서 '베르베르'라고 부르기 시작했죠.

그런데 베르베르의 어원은 그리스어로 '야만인' 혹은 '알아듣지 못하는 언어를 구사하는 외국인'을 뜻하는 바르바로스예요. 그렇다 보니 이들 사이에서 20세기 중반부터 좀 더 자율적인 정체성을 만들려는 움직임이 일어납니다. 그리고 스스로 자유인을 뜻하는 아마지그라고 부르게 되었어요.

이 알람브라 궁전 또한 1232년부터 1492년까지 이베리아반도에 있던 무어인 왕조, 나스르 왕조의 유산이랍니다. 참고로 무어인은 아랍계와 아마지그의 혼종 문화를 지닌 사람들로, 무어라는 말은 '검다'를 뜻하는 그리스어에서 왔다고 해요. 현재 가톨릭 문화가 스페인의 주를 이룸에도 불구하고, 스페인 남부 지역에는 알람브라 궁전같이 천장과 벽을 정교한 기하학 문양으로 가득 채운 이슬람 건축들이 곳곳에 남아 있답니다. 여기에 저의 이야기를 조금 보태 볼게요.

스페인 그라나다가 고향인 친구와 국가 문화유산에 대해 이야기할 때였어요. 우리나라에서 나고 자란 저에게 우리의 문화유산은 너무나도 분명하게 경복궁, 농악, 김치, 팔만대장경이에요. 학교에서도 그렇게 배웠지요. 하지만 제 친구 말에 따르면 스페인은 가톨릭 중심이다 보니 이슬람의 영향을 받은 알람브라 궁전을 국가 문화유산이라고 잘 알려 주지 않는다고 해요. 그 말을 들으면서 디아스포라에 대한 공부는 우리가 내심 가지고 있는 경계 짓기의 욕망을 경계하게 한다는 생각이 들었습니다.

바다를 중심으로 대륙을 본다면

인도양은 어떨까요? 이 부분은 인도의 경제학자이자 역사가인 산지브 산얄의 《인도양에서 본 세계사》에서 힌트를 얻을 수 있어요. 인간은 지구라는 땅에 발을 올려놓고 살죠. 그래서 대륙을 기준으로 세상을 바라보는 것이 익숙해요. 하지만 대양을 중심으로 세상을 보면 또 다른 세상이 펼쳐집니다. 인도양에서 한번 볼까요?

중국, 동남아시아, 인도, 중동 지역, 동부 아프리카와 맞닿아 있는 인도양에는 계절풍이 붑니다. 동아프리카를 중심으로 보면 11월부터 2월까지는 중동과 인도 방향으로, 4월부터 9월까지는 그 반대 방향으로요. 동력원이 따로 없던 과거의 배는 이 바람의 방향을 따라 무역을 할 수 있었죠. 그래서 이 바람은 무역풍이라고도 불러요. 이 무역풍을 따라 움직이는, 큼직한 삼각형 돛을 단 다우선은 바다를 중심으로 사람들 간의 무역을 촉진시켰어요. 지금도 여전히 동아프리카 해안의 휴양지 잔지바르섬 같은 곳에 가면 다우선이 유유히 떠다닙니다.

해양 무역의 중심이 되었던 잔지바르는 아프리카, 중동, 인도의 문화가 혼재된 이국적 매력과 옥빛 바다의 청량함

을 뽐내는 곳이랍니다. 저는 여행사에서 일할 때 자주 잔
지바르로 여행을 가곤 했습니다.

잔지바르는 4만 제곱킬로미터의 면적을 자랑하는 대초
원, 세렝게티를 질주한 후 휴식을 취하러 가는 곳이었어요.
세렝게티는 자연이 잘 보존되어 있는 곳인데 이 말은 곧
인간에겐 다소 불편할 수 있다는 뜻이기도 해요. 실제로 온
몸이 흔들리는 비포장도로를 며칠 동안 달리고 자연 속에
서 캠핑을 하는 것은 체력적으로 꽤나 부담되는 일이지요.

그러니 그런 여행 뒤에 찾은 잔지바르는 더욱 낭만적으
로 다가왔어요. 해질 무렵 해변의 식당에 앉아 바다 위를
유유히 떠다니는 다우선을 보고 있으면 그야말로 중세 시
대로 들어와 있는 듯한 낭만이 느껴졌습니다.

어디서도 볼 수 없는 생태계, 마다가스카르

이런 대양 중심 교류로 인해, 동아프리카 해안 지역과 섬나
라들의 역사에도 새로운 흐름과 문화의 혼재 현상이 일어
납니다. 대표적인 것이 인도네시아 사람들의 마다가스카르
개척이에요. 아프리카에서 가장 큰 섬나라인 마다가스카르

는 선사 시대부터 약 8,800만 년 동안 고립되어 있었어요. 그 덕분에 고유한 형태로 진화한 동식물종이 가득해 지구 어디에서도 볼 수 없는 생태계가 펼쳐져 있지요. 산지브 산얄에 의하면 원래 이곳은 무인도였는데 6세기에서 9세기 사이 인류 최초로 인도네시아 사람들이 개척했다고 합니다. 현재 마다가스카르 공화국의 공식 언어인 말라가시어가 인도네시아 보르네오섬의 방언에서 파생된 언어라는 점이 이를 간접적으로 증명하죠.

혹시 애니메이션 〈마다가스카〉를 보셨나요? 뉴욕의 동물원에 살던 사자 알렉스, 얼룩말 마티, 기린 멜먼, 하마 글로리아는 동물원 탈출을 계획하는데, 이렇게 탈출한 네 동물은 포획 반대 운동가들의 압력으로 인해 아프리카 케냐로 향하는 배에 실립니다. 그러나 이 배는 마다가스카르 해안 어딘가에서 난파되고, 다행히 네 동물은 마다가스카르에 닿게 되죠. 그리고 원숭이 줄리언 대왕을 만나요. 줄리언은 호랑꼬리여우원숭이를 묘사했다고 하는데, 이 동물도 마다가스카르에서만 서식하는 희귀종이에요.

이 줄리언 대왕의 목소리는 영국의 배우이자 코미디언인 사샤 바론 코헨이 녹음했어요. 그런데 그 목소리에 인도 또는 스리랑카, 말레이시아 사람들의 억양이 녹아 있습니다. 제작 팀과 성우가 의도한 건지 아닌지는 알 수 없지만 그 억양이 마다가스카르 사람들의 기원을 말해 주는 것 같아서 참 흥미로웠어요.

그 외에도 현대 소말리아, 케냐, 탄자니아, 모가디슈, 라무, 몸바사, 잔지바르, 킬와, 소팔라 등이 계절풍 무역으로 번성합니다. 이때 생긴 것이 바로 스와힐리 문명권입니다. 아프리카 동부 지역의 주요 언어인 스와힐리어는 아프리카 언어와 아랍 언어의 혼종 언어인 셈이죠. 앞서 말씀드린, 황금 코뿔소가 발견된 짐바브웨의 마풍그브웨 문명도 이 해상 무역으로 부를 쌓을 수 있었다는 것이 학계의 정설입니다. 하지만 이 또한 자료가 불충분하고 학계의 주류 연구 분야가 되지 못해 여전히 고고학, 사회학, 역사학 등을 통해 밝혀내야 할 것이 많습니다.

노예의 이야기를 기록하다

대서양 디아스포라를 이야기할 때 빼놓을 수 없는 주제는 역시 대서양 노예 무역입니다. 노예제는 원래 선사 시대로 그 역사를 거슬러 올라갈 정도로 인류사에 오랫동안 있어 온 제도예요. 아프리카 여러 지역에도 노예제가 유지됐던 흔적이 남아 있죠. 하지만 무역을 통해 서부 아프리카에서 아메리카로 팔려 갔던 노예제만큼 악명 높은 역사가 있을까요?

노예 무역의 역사는 앞서 전해 드렸으니 여기에서는 그 슬픈 현실을 전해 주는 책과 사람을 소개하려고 해요.

우선 올라우다 에퀴아노의 자서전인 《에퀴아노의 흥미로운 이야기》가 있어요. 에퀴아노는 18세기 서아프리카에서 미국으로 팔려 가 노예로 살다가 해방된 이후 탐험가로, 노예제 폐지 운동가로 살아간 사람입니다.

에퀴아노는 오늘날 나이지리아 영토에 있던 베냉 왕국에서 태어나 카리브해의 섬나라 바베이도스로, 또 이어서 미국의 버지니아로 팔립니다. 그리고 몇 명의 소유주를 거쳐 영국으로, 프랑스로, 카리브해와 미국으로 옮겨 다니며 더 넓은 세상을 접하게 되죠. 자유인이 된 이후에는 선박 갑판원으로 일하며 북극을 탐험하기도 하고요. 1780년대에는 노예제 폐지 운동의 연설자로 활약하기도 했죠. 그런데 당시에는 흑인이 책을 쓸 수 있으며 자기 이야기를 할 수 있다는 것을 믿지 않는 사람이 많았어요. 그래서 이 책은 에퀴아노 한 사람의 이야기가 아니라 여러 사람이 쓴 조잡한 경험 모음집이라는 소문이 돌기도 했습니다. 이 소문이 사실일까요?

이것이 진실이 아니라는 것은 《노예의 노래》에서 흑인 노예 해방 운동가 프레더릭 더글러스가 또다시 증명합니다. 프레더릭 더글러스는 1818년 미국 메릴랜드주에서 노예의 자손으로 태어나지만 20여 년 후 이 사슬을 끊고 탈출을 감행합니다. 그리고 매사추세츠주에서 노예제 폐지 운동을 벌이죠. 남북 전쟁이 일어났을 때는 대통령의 승인하에 흑인으로만 조직된 부대를 창설하기도 합니다. 그리고 노예제 폐지 후에는 흑인 참정권 운동을 계속해요.

더글러스는 노예 시절 주인에게 "검둥이에게 하나를 양보하면 열을 달라고 한다. 검둥이는 주인에게 복종하고 시키는 대로 일하는 것 외에는 알면 안 된다. 세상에서 가장 착한 검둥이도 글을 알면 버릇이 없어진다. 지금 저 검둥이에게 글을 가르치면 마음대로 부릴 수가 없게 된다."[1]라는 이야기를 듣고, 글을 아는 것의 중요성을 깨달았다고 해요. "마음 깊은 곳에 잠들어 있던 정신이 뒤흔들릴"[2] 만큼요. 그래서 그는 글을 공부하고, 주변의 불합리한 구조에 계속해서 목소리를 냅니다. 그리고 이 비인간적 경험을 글로 남기죠.

중남미의 디아스포라들

그렇다면 중남미 지역은 어떨까요? 범아메리카 보건 기구 Pan American Health Organization, PAHO에 따르면 오늘날 라틴 아메리카 지역의 아프리카계 1억 3,400만여 명이 자신을 아프리카계 후손으로 생각한다고 해요.[3] 브라질, 콜롬비아에 특히 그 수가 많고요.

이들의 조상이 살아온 이야기는 차경미의 《라틴아메리카 흑인 만들기》가 잘 전해 줍니다. 가혹한 노예 노동을 기반으로 이 지역은 "자본주의 기업형 제당소로 채워"[4]지는데요, 이들 중 몇몇이 접근이 어려운 산악 지대에 팔렝케 Palenque 혹은 킬롬부 Quilonbo라고 부르는 공동체를 건설하여 반식민, 반노예제 운동의 중심점을 이루지요. 이 공동체는 뿌리 뽑힌 이들이 새로운 정체성을 세우고 연대감을 만드는 기반이 되었어요. 책의 작가는 이곳을 "아프리카의 전통과 이산적 정체성 확립을 바탕으로 독창적인 사회 조직과 문화가 재창조된 저항의 공간"[5]이라고 평합니다.

마지막으로, 제가 노예제와 관련하여 가장 좋아하는 두 책에 대한 소개가 남았네요. 영국 작가 알렉스 헤일리의 《뿌리》와 야 지야시의 《밤불의 딸들》입니다.

1921년에 태어나 1992년에 세상을 떠난 알렉스 헤일리는 자기 삶에서 노예제를 만난 적이 없어요. 하지만 그의 '뿌리'는 노예인 조상에서 찾을 수 있죠. 조상이라는 말은 구체적이고 실질적인 표현이에요. 헤일리는 어린 시절 외가 쪽 친척 할머니에게 '쿤타 킨테'라는 이름을 들어요. 그로부터 7대를 거슬러 올라가면 나오는 조상이죠.

쿤타 킨테는 현재의 서아프리카 감비아 지역 주푸레 마을에서 나고 자라다 노예 무역으로 미국 땅에 닿은 흑인 노예인데, 알렉스 헤일리는 그의 이야기를 글로 살려 내는 것을 사명으로 삼고 실제로 감비아의 주푸레 마을을 찾아갑니다. 그리고 마을의 이야기꾼 그리오를 만나 쿤타 킨테와 당시의 풍습 등에 대한 이야기를 들어요. 그 뒤 쿤타 킨테와 그로부터 4대손까지, 주푸레 마을부터 노예 무역선, 노예로서의 삶, 자유인이 되기까지의 과정을 기록합니다.

이 이야기는 1970년대 미국에서 드라마로도 만들어져서 큰 인기를 끌었어요. 그 인기를 업고 한국에서도 방영되어 현재 60대인 저희 어머니 세대에는 쿤타 킨테가 '흑인'과 동의어일 정도였다고 하네요.

야 지야시의 《밤불의 딸들》은 비교적 최근에 우리말로 번역되었어요. 이야기는 가나에서 시작됩니다. 18세기 가나 지역에 살던 자매의 운명이 각각 노예, 그리고 케이프코스트 성주의 아내로 나뉘면서 한 집안은 미국에서, 한 집안은 가나에서 살아 나가는데, 7대의 후손을 거쳐 300년이 흐르는 동안 과거의 아픔이 대를 이어 연결되죠. 《뿌리》와 비슷하면서도 다른 작품입니다.

오늘, 아프리카 사람들이 떠나는 이유

오늘날에는 디아스포라가 없을까요? 앞서도 말했듯이 떠날 수밖에 없는 사람부터 자발적으로 떠나는 사람까지 디아스포라의 의미는 계속해서 넓어져 왔습니다. 세계화가 진행되고 교통 통신이 발달함에 따라 이주는 더 쉬워지고 그 범위 또한 넓어져 이주의 목적을 정확히 분류하기도 힘들어졌지요.

예를 들어 국내에서 일자리를 찾기가 힘들어서 해외로 이주한다면 이것은 자발적인 것일까요, 아닐까요? 혹은 기후 변화로 인해 땅이 메말라 더 이상 농사를 지을 수 없어 떠난다면 어떤가요? 이런 일들이 아프리카에서는 여전히 빈번히 일어나고 있습니다.

유엔 국제 이주 기구의 〈2020년 국제 이주 보고서〉[6]에 따르면, 약 3천만 명의 아프리카인이 다양한 이유로 이주를 경험했다고 합니다. 그래서 요즈음은 디아스포라가 이주민이라는 말과 혼용되는 경우가 많고, 그 정확한 수를 헤아리기는 힘들어요.

분명한 것은 오늘날의 아프리카도 수많은 디아스포라를 배출해 내는 대륙이라는 것입니다. 떠나간 이들이 본국에 미치는 영향력도 커요. 예를 들어 코모로, 감비아, 레소토 같은 나라에서는 국외 이주자들이 국내 가족들에게 송금하는 금액이 국내 총생산의 20퍼센트 이상을 차지한답니다.[7]

많은 사람이 이주한 사회에서 꼭 필요하지만 특별히 인정받지 못하는 자리에 머무르며 살아갑니다. 제가 영국에서 지내다가 귀국하기 위해 탄 우버는 에리트레아인 기사가 운전했고, 케이프타운의 우버 차는 짐바브웨인 기사가 운전했어요. 그리고 미국 애틀랜타에서 빌린 승합차의 기사는 나이지리아인이었어요.

그뿐만 아니라 더 나은 환경에서 공부하고 일하기 위해 떠나는, 교육받은 사람들도 많습니다. 경제 협력 개발 기구OECD에 따르면 숙련 이민자의 비율이 전 세계 평균은

4.8퍼센트로 변동이 크지 않은 반면, 아프리카는 2015년 기준으로 무려 13.2퍼센트의 비율을 보였어요.[8] 저는 이것이 아프리카인 디아스포라가 더 개발된 사회에서 경험을 쌓고 다시 조국으로 돌아와 기술과 경험을 전파하는 역할을 하는 과정이었으면 하고 바랍니다. 즉 유출이 아닌 순환의 과정이기를 바라요. 결국 더 나은 공동체를 만드는 것은 사람이 할 일일 테니까요.

에필로그

아프리카로 떠나요!

우리나라에서 아프리카에 닿을 수 있는 방법으로는 무엇이 있을까요? 우선 에티오피아 항공이 유일하게 직항 항공 편을 운영하고 있습니다. 이 비행기를 타면 인천 공항에서 에티오피아의 수도 아디스아바바까지 12시간 만에 닿게 됩니다. 인천에서는 자정이 지난 새벽 시간, 12시 50분 즈음에 출발해 날짜가 헷갈릴 수 있으니 주의하세요! 즉 24일 아디스아바바로 출발하는 비행기를 타야 하면 23일 밤에는 공항에 가야 해요.

그렇게 아디스아바바에 닿게 되면 그 이후 다른 아프리

카 국가의 도시들로 가는 비행 편으로 갈아타게 됩니다. 에티오피아 항공의 경우 "이게 가능해?"라고 할 정도로 환승 시간을 짧게 주는 것으로 유명합니다. 공항이 그렇게 작지도 않은데요. 여행자 커뮤니티에서 이 부분을 걱정하는 모습을 많이 봤는데 어떻게든 환승을 하게 되더라고요. 늘 신기한 점이에요. 그 외에도 카타르 항공과 에미레이트 항공 같은 중동 지역을 경유하는 항공 편으로도 아프리카에 닿을 수 있습니다.

아디스아바바 외에 아프리카 내에서 환승의 중심이 되는 지역으로 케냐의 나이로비, 남아프리카 공화국의 요하네스버그 등이 있습니다. 그 외에는 옆 나라로의 항공 이동이 여의치 않아요. 어딘가를 경유해 가야 하기 때문에 시간 및 비용 소모가 엄청나죠.

예를 들어 인도양의 휴양지 잔지바르에서 꿀맛 같은 휴식을 즐긴 뒤 탄자니아의 다르에스살람에서 바로 옆 나라인 잠비아의 리빙스턴이나 루사카로 가려 하면 두 도시보다 남쪽에 있는 요하네스버그나, 북쪽에 있는 나이로비를 경유해야 합니다. 잠비아와 국경을 맞대고 있는 나미비아로 갈 때도 마찬가지예요. 보통 요하네스버그로 가서 나미비아로 가게 되는데 그러자면 거의 하루 종일을 항공 이동에 써야 해요.

육로도 마찬가지예요. 아프리카는 수도가 대부분 해안가에 있습니다. 과거 유럽이 아프리카에 대한 경제적 수탈을 수월하게 하려고 해안 지역에 인프라를 주로 개발한 탓이지요. 상대적으로 내륙은 개발이 덜 되어 있어서 옆 나라로의 육로 이동은 어려운 편입니다. 또 지방으로 가면 비포장도로가 수두룩합니다.

게다가 일부 나라에서는 당장이라도 폐차해야 할 것 같은 차들이 도로를 달려요. 시트는 때에 절어 있고 창문은 안 닫히기 일쑤예요. 차가 한번 멈춰 서면 이유도 모른 채 한참을 길바닥에 앉아 있어야 합니다. 인구 밀도가 낮은 곳에서는 그런 차나마 다니지 않아요.

그래도 동남부 아프리카는 조금 낫습니다. 여행하기가 상대적으로 수월하지요. 차량 상태도 비교적 깔끔하고요. 그런데 여기에도 난관은 있습니다. 갈 길이 먼데 인구 밀도가 낮은 일부 지역은 대중교통이 정기적으로 있지 않아요. 예를 들어 보츠와나의 카사네에서 보츠와나 내륙의 오카방고 삼각주까지 가려면 나타까지 거의 직진으로 300킬로미터를, 나타에서 마운까지 또다시 거의 직진으로 300킬로미터를 가야 하죠. 그리고 또다시 나미비아의 수도 빈트후크까지 별다른 굴곡 없는 길을 800킬로미터 넘게 달려야 합니다. 이 지역에서 여행 팀을 인솔할 때 저는 다행히 차를 대절했었어요. 당시 저의 중요한 임무 중 하나는 지루한 나머지 졸음과 싸우는 기사를 계속 깨어 있게 하는 것이었습니다. 이렇게 아프리카 내에서 국가 간 이동은 버스로, 그리고 가까운 지역 이동은 승합차를 개조한 대중교통이나 합승 택시, 혹은 택시 등을 이용해요.

기차는 어떨까요? 아프리카의 기차로 가장 대표적인 것은 탄자니아와 잠비아를 연결하는 타자라 열차예요. 제가 처음 동남부 아프리카를 여행할 때 이 기차를 탔었습니다. 정착한 역에서 산 사탕수수가 너무 딱딱해 이로 까지 못하자 저 대신 이로 까 주던 현지인이 기억에 남아요.

타자라TAZARA는 탄자니아TAnzania와 잠비아ZAmbia의 앞 두 글자를 사이 좋게 따고 철도RAilway에서 두 글자를 마저 따와 지은 이름입니다. 탄자니아의 다르에스살람에서 잠비아의 카피리 음포시를 연결하는 이 열차는 길이가 무려 1,860미터에 달하죠. 급행 열차로는 2박 3일이, 완행 열차로는 3박 4일이 소요됩니다. 여행 하면 기차 여행의 낭만이 먼저 떠오른다면, 아프리카를 여행할 때 이 타자라 열차에 탑승해 보는 것을 추천합니다.

그 외에도 남아프리카 공화국에는 탑승료만 몇백만 원으로, 관광객을 위한 최고급 서비스를 제공하는 블루 트레인이 다니고, 모리타니에는 2.5킬로미터 길이로 세계에서 가장 긴 철도인 철광석 열차가 다닙니다. 몇 달러만 내면 철광석 가루가 날리는 험난한 사막 열차를 즐길 수 있죠.

기차 이야기를 하니 영국이 꿈꿨던 미완의 프로젝트를 언급하지 않을 수가 없네요. 19세기 말, 아프리카에 식민 영토를 확장하던 영국은 이집트의 카이로에서 남아프리카 공화국의 케이프타운까지 1만 킬로미터가 넘는 거리를 단일 노선으로 연결하려는 큰 꿈을 세우고 곳곳에 철로 공사를 시작했어요. 하지만 각종 지리적 난관에 부딪혔을 뿐 아니라 제1차 세계 대전이 시작되어 경제 사정이 나빠지는 등의 이유로 이 프로젝트를 끝내지 못합니다.

그리고 그 꿈을 지금 아프리카가 꾸고 있어요. 2013년, 아프리카 연합 소속 국가들이 50년 후의 아프리카를 그리며 통합 초고속 열차 구축 프로젝트를 세웠습니다. 이 프로젝트가 성공하면 아마 여러분은 아프리카 대륙 전체를 기차로 여행할 수 있을 거예요. 그 기차가 개통하면 제가 여러분의 여행 인솔자가 되겠습니다.

우리 함께 그 기차를 기다려 봐요!

청소년에게 추천하는 책과 영화

아프리카를 더 읽어 보세요!

오사코 히데키, 《50개의 키워드로 읽는 프렌즈 아프리카》, 박유미 옮김, 미래의창, 2016

간단한 키워드로 아프리카와 관련된 흥미로운 사실들을 소개하는 책이에요. 아프리카를 더 알고 싶은데 어디서부터 찾아봐야 할지 모를 때, 이 책에서 관심 가는 키워드를 찾아서 읽는 것부터 시작해 보면 좋습니다.

김유아, 《나의 첫 아프리카 수업》, 초록비책공방, 2021

아프리카 개론서라고 할 수 있습니다. 아프리카 여러 나라를 다루고 광범위한 주제를 이야기하면서도 너무 편파적이지 않게, 낙관론과 비관론의 중간쯤에서 아프리카를 잘 전달하는 책입니다.

치누아 아체베, 《모든 것이 산산이 부서지다》, 조규형 옮김, 민음사, 2008

현대 아프리카 문학의 아버지라 불리는 나이지리아 작가 치누아 아체베의 첫 소설이자 대표작이에요. 1958년에 발표되어 아프리카 문학이 구전에서 문자 문학으로 탈바꿈하는 데 기여한 소설입니다. 나이지리아의 구전 설화, 풍습, 사회상을 잘 녹여 낸 작품입니다.

베벌리 나이두, 《차별의 기억》, 이경상 옮김, 생각과느낌, 2013

1948년부터 2000년까지, 아파르트헤이트 시대와 그 이후의 남아공에서 다양한 형태의 차별에 직면한 아이들 7명의 모습을 7편의 단편 소설로 만나 볼 수 있어요. 이 책은 2007년 《남아프리카 공화국 이야기》라는 제목으로도 번역되어서 이 버전으로도 읽어 볼 수 있습니다.

아프리카 마치, 《카보베르데, 당신이 모르는 아프리카》, 5111솔, 2020

아프리카 마치라는 이름으로 5명의 필자가 아프리카 중에서도 더욱 알려지지 않은 나라들에 대한 이야기를 전해 주는 시리즈의 첫 번째 책입니다. 서정적인 문체 덕분에 독서 후엔 왜인지 대서양 앞바다의 섬나라, 카보베르데 사람이 된 것처럼 아련한 그리움에 빠져들 겁니다.

채경석, 《아프리카, 낯선 행성으로의 여행》, 계란후라이, 2014

이집트부터 남아공까지 47일간 여행한 이야기로, 저자의 인문 소양이 깊어 독서 중 지적인 탐험을 하는 기분이 들기도 합니다. 자신의 이야기가 틀리거나 다를 수 있다고 전제하는 저자의 겸손함도 무척 감동적이었습니다.

윌리엄 캄쾀바·브라이언 밀러, 《바람을 길들인 풍차소년》, 김홍숙 옮김, 서해문집, 2009

쓰레기장에서 찾아낸 각종 고물로 풍차를 만들어 마을 사람들이 쓸 전력을 생산해 낸 말라위 소년 이야기입니다. 이 소년 덕분에 마을 사람들은 다시 농사를 지을 수 있게 되었답니다! 영화로도 나와 있으니 함께 봐도 좋아요.

맥스 알렉산더, 《아프리카의 배터리 킹》, 박산호 옮김, 시공사, 2015

가나에서 충전용 배터리 사업을 한 알렉산더 형제의 사업 기록입니다. 저는 낯선 곳에서 사업을 한다면 이들처럼 현지를 충분히 배려하고 고려하며 해야 한다고 생각해요. 해외에서의 사업을 꿈꾸는 사람이라면 꼭 읽어 보시길 바랍니다.

오마타 나오히코, 《아프리카인, 신실한 기독교인, 채식주의자, 맨유 열혈 팬, 그리고 난민》, 이수진 옮김, 원더박스, 2020

우리는 난민이라고 하면 전쟁 속에서 당장 생존에 위협을 느끼는 이들만 생각하지만, 실은 고향을 떠나 몇십 년 동안이나 난민촌에 머무는 이들도 많습니다. 이 '장기화된 난민 상태'에 처한 이들에 대해 이 책으로 좀 더 자세히 알아보세요.

노바이올렛 불라와요, 《우리에겐 새 이름이 필요해》, 이진 옮김, 문학동네, 2016

짐바브웨 출신 작가의 책입니다. 주인공 '달링'이 짐바브웨에서 보냈던 어린 시절부터 미국에 이주해 이방인으로서 겪는 이야기까지 써 내려가는데, 아프리카 각 지역이나 이주한 곳에서 아프리카인, 그리고 흑인이 겪을 수 있는 상황에 대한 세부 묘사가 뛰어납니다.

와리스 디리, 《사막의 꽃》, 이다희 옮김, 섬앤섬, 2015

사하라 사막 부근의 아프리카와 중동 지역 일부에서는 여성 성기 절제 행위(할례 의식)를 하나의 전통으로 삼고 있습니다. 소말리아 출신으로 세계적인 모델이 된 와리스 디리도 이 전통의 피해자 중 하나였죠. 모델이 된 후 이 문제를 국제 사회에 알린 디리의 삶이 담긴 책입니다.

이스마엘 베아, 《집으로 가는 길》, 김재경 옮김, 아고라, 2021

반짝이는 다이아몬드가 피비린내 나는 전쟁의 원인이 된 나라, 시에라리온. 소년들은 전투에 투입됩니다. 실제 소년병 출신으로 국제 사회에서 이 문제를 널리 알리고 있는 이스마엘 베아가 쓴 책입니다.

하상훈, 《아프리카의 뿔》, 문학동네, 2012

소말리아, 에티오피아, 지부티, 에리트레아 등이 있는 곳을 아프리카의 뿔이라고 부릅니다. 이곳을 배경으로 한국 작가가 소말리아 해적을 주인공으로 하여 써 내려간 소설입니다. 한 집단을 악마화, 비인간화하기 전에 자세히 들여다보고 같은 '인간'으로 볼 수 있게 하는 책입니다.

욤비 토나·박진숙, 《내 이름은 욤비》, 이후, 2013

어떤 공동체가 한 사람, 한 집단의 생존을 책임지지 못하고 내친다면, 그들과 함께할 수 있는 더 넓은 공동체를 상상해 보는 것은 이웃, 즉 우리의 책임이라고 생각합니다. 콩고 민주 공화국 출신 난민으로 우리나라에 온 욤비 토나 씨가 겪어 온 난민 인정 과정이 잘 그려진 책입니다.

마에노 울드 고타로, 《메뚜기를 잡으러 아프리카로》, 김소연 옮김, 해나무, 2018

메뚜기 연구에 누구보다 진지한 일본인 곤충학자가 서아프리카 모리타니에서 기근을 유발하는 메뚜기를 연구한 기록입니다. 저자가 메뚜기 복장에 메뚜기 채를 들고 비장한 자세로 서 있는 모습이 담긴 표지에서도 알 수 있듯 유쾌하지만 진중한 기록이에요.

타하르 벤 젤룬, 《딸에게 들려주는 인종차별 이야기》, 홍세화 옮김, 롤러코스터, 2020

'모로코의 양심'이라고 불리는 작가 타하르 벤 젤룬이 딸과 함께 인종주의를 이야기하는 책입니다. 우리에게 인종주의는 멀게 느껴질 수도 있지만, 혐오가 단절을 넘어서 폭력과 불안 요소가 되는 것이 선명해지는 요즈음, 우리도 꼭 함께 이야기해 봐야 할 주제라고 생각합니다.

솔로몬 노섭, 《노예 12년》, 박우정 옮김, 글항아리, 2014

솔로몬 노섭은 1808년에 미국 북부의 뉴욕주에서 자유인으로 태어났지만 남부의 농장에 납치되어 12년간 노예 생활을 했어요. 노예 노동의 현실과 함께 다양한 인간 군상을 묘사하고 있는 회고록입니다.

수전 캠벨 바톨레티, 《하얀 폭력 검은 저항》, 김충선 옮김, 돌베개, 2016

미국 인종주의 단체의 대표 격인 KKK 이야기를 풍부한 사료와 이미지를 바탕으로 전하는 책입니다. 인간은 구조 속에서 언제나 악해지고 약해질 수 있으며, 그렇다면 서로에게 악해지지 않을 수 있는 구조를 상상하고 지향해야겠다는 깨달음을 얻게 한 책입니다.

필립 후즈, 《열다섯 살의 용기》, 김민석 옮김, 돌베개, 2011

버스의 좌석은 으레 '백인' 우선이었던 1950년대 중반, 미국의 앨라배마주 몽고메리에서 대중교통 보이콧 운동을 이끌어 내고, '분리하지만 차별하지 않는다'는 말도 안 되는 관행을 바꾸어 낸 15세 소녀 클로뎃 콜빈의 이야기예요.

웰스 게이코, 《타는 태양 아래서 우리는 노래했네》, 유은정 옮김, 돌베개, 2019

시, 노래, 이야기 등 구승 문학을 연구하는 일본 학자 웰스 게이코가 아프리칸 아메리칸 흑인들의 노래와 이야기의 뿌리를 전하는 책입니다. 대화체로 쓰여 있고 이야기와 노래 가사가 많이 수록되어 있어서 이론이 아닌 실제 사례를 많이 접할 수 있어요.

아프리카를 영화로 만나 보세요!

〈부시맨〉

1983년 개봉된 코미디 영화로, 영어 제목은 '신들은 미쳤나 봐(Gods must be crazy)'입니다. 남부 아프리카 칼라하리 사막에 사는 코이산인들을 전 세계적으로 유명하게 한 작품이죠. 하늘에서 떨어진 콜라병이 마을 내 갈등의 원인이 되는 것을 막기 위해 그것을 버리러 지구 끝으로 찾아가는 주인공의 모습을 그립니다.

〈퍼스트 그레이더〉

케냐 독립 후, 초등 무상 교육이 실시되자 84세의 나이에 학교를 다닌 마루게 할아버지의 실화를 담은 영화입니다. 마루게 할아버지는 마우마우 출신으로 과거 영국 식민지 시절 독립 운동을 하면서 겪은 박해의 경험으로 잘 듣지도 보지도 못하지만, 공부를 위한 열정은 지구 건너편 우리에게까지 전해집니다.

〈사라피나〉

아파르트헤이트의 부당함을 알리기 위해, 또 모든 수업을 백인들의 언어인 아프리칸스어로만 진행해야 한다는 법에 대항하여 흑인 거주 지역 소웨토에서는 1976년 학생 시위가 일어납니다. 이 자유와 인권, 비폭력을 위한 학생들의 항쟁을 뮤지컬 영화의 형식을 빌려 세상에 알립니다.

〈칼루시 이야기〉

아파르트헤이트 아래에서 평화 투쟁이 계속해서 좌절되자, 무장 운동 단체에 가담해 차별 철폐 운동을 하다가 20세 초반 형장의 이슬로 사라진 사람, 솔로몬 마흘랑구의 이야기가 담겨 있습니다. 아파르트헤이트의 역사에 대해 간략

하게라도 먼저 알고 보면 좋은 작품입니다.

〈울지 마 톤즈〉

남수단의 톤즈에서 사랑을 전한 이태석 신부님의 이야기를 담은 영화. 내전으로 파괴된 톤즈에서 그는 의술을 베풀고, 아이들에게 음악을 가르치며 희망을 노래합니다. 보는 내내 울었던 다큐멘터리 영화입니다.

〈비룽가〉

콩고 민주 공화국의 비룽가 국립공원은 멸종 위기종인 산악 고릴라(mountain gorillas)가 서식하고 있는 곳입니다. 내전과 외부 세력의 자원 침탈에 맞서 이 지역을 지키는 관리인들의 활동과 목소리를 담았어요.

〈마다가스카〉

뉴욕의 동물원에 사는 동물들이 동물원 탈출을 감행했다가 아프리카로 돌아가는 배에 실립니다. 하지만 이 배는 난파되고, 이 동물들은 인도양에 있는 아프리카에서 가장 큰 섬 마다가스카르에 닿게 되죠! 이 동물들의 좌충우돌 모험을 담은 애니메이션 영화입니다.

〈오직 사랑뿐〉

보츠와나의 초대 대통령 세레체 카마와 영부인의 사랑 이야기를 담은 영화입니다. 영부인은 백인 여성이었는데, 당시는 이웃 국가인 남아공에서 인종 차별이 극심했던 때라 보츠와나 대통령의 연애사는 국제 사회의 관심을 끌기도 했죠. 진정한 사랑을 한 경험은 세레체 카마가 보츠와나를 평화로운 나라로 이끈 원동력이기도 했을 거라는 생각이 드는 영화예요.

〈셀프메이드 마담 C.J. 워커〉(넷플릭스 시리즈)

1867년부터 1919년까지 살았던 C.J. 워커의 일대기를 전해요. 흑인의 머리카락에 대한 남다른 사명감을 품고 미용 사업을 크게 일군 입지전적 인물인 워커는 흑인과 여성에 대한 이중 차별을 겪던 시절, 첫 흑인 여성 백만장자로 기네스북에 오르기도 했죠.

감사의 말

저는 아프리카에 대해 썼지만, 이것은 우리가 아프리카'만' 아는 과정이 아니라 경계를 허물고 더 큰 '세계 시민'이 되기 위한 과정이라는 생각으로 썼습니다. 잘 모르는 상대를 되도록 여러 방면에서 정확하게 알아 가는 것은 그 과정의 하나니까요.

제가 글을 쓰면서 오롯이 두려웠던 것은 지나친 일반화와, 이곳을 알려야겠다는 사명감 사이에서 균형을 잡는 것이었습니다. 이 책이 여러분의 아프리카 탐험을 더 깊게하는 시작점이자 도우미였으면 합니다.

제 고민의 과정을 이렇게 세상에 내보일 수 있게 해 주신 행성B 출판사와 이윤희 편집장님, 김선아 편집자님께 감사의 인사를 전합니다. 출판은 결코 저자 한 명의 글로 이루어지지 않는다는 것을 다시 한번 느낍니다.

종교 부분에 혹시나 편협한 시각이 없는지 함께 검토해 주시고 흔쾌히 추천의 글을 써 주신 장용규 교수님과 경제 부분을 함께 고민해 주신 배유진 박사님께도 감사 인사를 빼놓을 수 없습니다. 국내 최고의 아프리카 문학 전문가이자 번역가이신 이석호 교수님과도 멋진 교류 계속 이어 나가고 싶습니다. 추천사 감사드려요!

저를 행성B 출판사에 투고하도록 이끈, 실로 제게 너무 큰 감동과 깨달음을 준 책《질문 빈곤 사회》에는 "자기 신뢰를 통해서 자신과 또 다른 자기와의 대화인 비판적 사유가 가능하게 된다"[1]라는 구절이 있습니다. 또 "타자들과의 진정한 관계, 함께-살아감의 세계는 비판적 사유를 하는 개별인들에 의해 비로소 가능하다"라고 하고요.[2]

가족들은 제가 저 자신을 충만하게 사랑할 수 있도록, 그래서 세상을 사랑하고 진정성 있게 대할 수 있도록 발판을 마련해 주었습니다. 마지막으로 소중한 저의 가족들에게 감사의 인사를 전합니다.

주

2장

1   리샤르드 카푸시친스키, 《흑단》, 최성은 옮김, 크림슨, 2010, 51쪽

3장

1   재레드 다이아몬드, 《총, 균, 쇠》, 김진준 옮김, 문학사상, 2005, 558쪽

2   W.E.B. 듀보이스, 《니그로》, 황혜성 옮김, 삼천리, 2013, 60쪽

3   마크 애론슨·마리나 부드호스, 《설탕, 세계를 바꾸다》, 설배환 옮김, 검둥소, 2013, 46~48쪽

4   구정은·장은교·남지원, 《카페에서 읽는 세계사》, 인물과사상사, 2016, 78쪽

5   Wikipedia, "African Diaspora", https://en.wikipedia.org/wiki/African_ diaspora, 검색일 2021.02.28.

6　Wikipedia, "Algerian War", https://en.wikipedia.org/wiki/Algerian_War, 검색일 2023.04.15.

7　송태진, 《아프리카, 좋으니까》, 일리, 2019, 108쪽

8　염운옥, 「식민지 폭력 피해와 배상—케냐 마우마우의 사례」 〈영국 연구〉, 2005

9　베벌리 나이두, 《나는 한번이라도 뜨거웠을까》, 고은옥 옮김, 내인생의책, 2011, 203쪽

10　https://www.elfikurten.com.br/2015/08/agostinho-neto.html

4장

1　트레버 노아, 《태어난 게 범죄》, 김준수 옮김, 부키, 2020

2　도미니크 라피에르, 《검은 밤의 무지개》, 임호경 옮김, 중앙북스, 2010, 127쪽

3　같은 책, 129쪽

4　나딘 고디머, 《거짓의 날들》, 왕은철 옮김, 책세상, 2014, 588쪽

5　레이철 홈스, 《사르키 바트만》, 이석호 옮김, 문학동네, 2011, 248쪽

5장

1　아모스 투투올라, 《야자열매술꾼》, 장경렬 옮김, 열림원, 2002, 16쪽

2　알랭 마방쿠, 《아프리카 술집, 외상은 어림없지》, 이세진 옮김, 랜덤하우스 코리아, 2007, 246쪽

3　Wikipedia, "Kikuyu people", https://en.wikipedia.org/wiki/Kikuyu_people, 검색일 2023.04.01.

4　이종길, 「난민의 불안정한 자아 직시… 노벨 문학상 영예로」, 〈아시아경제〉, https://view.asiae.co.kr/article/2021100801343893836, 검색일 2023.04.01.

6장

1 네이버 지식 백과, "만사 무사", https://terms.naver.com/entry.nhn?docId=
3340104&cid=43667&categoryId=43667, 검색일 2021.02.14.

2 신경아, 《세상의 끝에서 만난 음악》, 문학동네, 2019, 79쪽

3 같은 책, 80쪽

4 이양일, 《팝레슨 121》, 북산, 2018, 55쪽

5 같은 책, 같은 쪽

8장

1 The World Bank, "GDP per capita, PPP(current international $) - Sub-
Saharan Africa", https://data.worldbank.org/indicator/NY.GDP.PCAP.
PP.CD?locations=ZG&most_recent_value_desc=true, 검색일 2022.08.05.

2 The World Bank, "GDP per capita, PPP(current international $) - Sub-
Saharan Africa", https://data.worldbank.org/indicator/NY.GDP.PCAP.
PP.CD?locations=ZG&most_recent_value_desc=true, 검색일 2022.08.05.

3 IGC, Veronica Masubo·Nick Wilkinson, "Africa Industrialization Week
2020: Industrial development, trade, and COVID-19", https://www.
theigc.org/blog/africa-industrialization-week-2020-industrial-
development-trade-and-covid-19, 검색일 2022.08.07.

4 AFRITUP 아프릿업, 〈2019년부터 가장 많은 스타트업의 투자를 유치한 아
프리카 국가는?〉, https://blog.naver.com/viewist/222733573453, 검색일
2022.08.07.

5 African Union, https://au-afcfta.org, 검색일 2022.08.07.

6 Numbeo, "Cost of Living", https://www.numbeo.com/cost-of-living, 검색
일 2022.08.07.

7 Zainab Usman, 「Africa's informal markets have far more structure

and self-governance than you'd think, book shows」, https://www.
washingtonpost.com/politics/2021/08/06/africas-informal-markets-
have-far-more-structure-self-governance-than-youd-think-this-book-
shows, 〈The Washington Post〉, 검색일 2022.08.07.

9장

1 이동학, 《쓰레기책》, 오도스, 2020, 61쪽

2 맥스 알렉산더, 《아프리카의 배터리 킹》, 박산호 옮김, 시공사, 2015, 505쪽

3 김규남, 「전세계 바다에 떠 있는 플라스틱 입자 개수 세 봤더니…」, 〈한겨레〉,
https://www.hani.co.kr/arti/society/environment/1082885.html, 검색일
2023.03.30.

4 최유리, 「전세계 플라스틱 폐기물 발생량 역대 최고치 기록」 〈비건 뉴스〉,
https://www.vegannews.co.kr/mobile/article.html?no=14467, 검색일
2023.03.30.

5 「미세플라스틱, 인간·지구 건강에 점점 더 큰 위협」〈워터저널〉, http://
www.waterjournal.co.kr/news/articleView.html?idxno=63656, 검색일
2023.03.30.

6 Nayana Mena, 「Plastic pollution: Waste from across world found
on remote British island」, https://www.bbc.com/news/science-
environment-63484729, 〈BBC News〉, 검색일 2023.03.30.

7 전종휘, 「[평화원정대] 40여 년 간 5000만 그루 심은 그린벨트 운동」
〈한겨레〉, https://www.hani.co.kr/arti/international/international_
general/843813.html, 검색일 2023.03.30.

8 한·아프리카 재단, 《아프리카 녹색 발전의 선두주자, 모로코》, 한·아프리카
재단, 2021

9 Kingsley Ighobor, 「Why Gabon is a model of environmental conservation」〈Africa Renuewal〉, 검색일 2023.03.30.

10 「석유 영원하지 않다… 삼림 자원화에 눈 돌리는 아프리카 가봉」, 〈한국경제〉, https://www.hankyung.com/international/article/202211047411Y, 검색일 2023.03.30.

10장

1 조슈아 키팅, 《보이지 않는 국가들》, 오수원 옮김, 예문아카이브, 2019, 144쪽

2 다카노 히데유키, 《수수께끼의 독립국가 소말릴란드》, 신창훈·우상규 옮김, 글항아리, 2019

11장

1 〈모리셔스 약황〉, 외교부

2 아프리카 마치, 《카보베르데, 당신이 모르는 아프리카》, 5111솔, 2020, 24쪽

12장

1 〈두산 백과〉, "사헬지대", https://terms.naver.com/entry.naver?docId=1164540&cid=40942&categoryId=33138, 검색일 2023.04.10.

2 우승훈, 《내일을 위한 아프리카 공부》, 힐데와소피, 2022, 88쪽

3 Google Arts & Culture, "제2차 수단 내전", https://artsandculture.google.com/entity/m048_4n?hl=ko, 검색일 2023.04.10.

4 권홍우, 「비아프라 전쟁 & 인류의 양심」, 〈서울경제〉, https://www.sedaily.com/NewsView/1OG4H1RUM5, 검색일 2023.04.10.

5 오마타 나오히코, 《아프리카인, 신실한 기독교인, 채식주의자, 맨유 열혈 팬, 그리고 난민》, 이수진 옮김, 원더박스, 2020, 33쪽

13장

1   프레더릭 더글러스, 《노예의 노래》, 안유회 옮김, 모티브, 2003, 100~101쪽

2   같은 책, 같은 쪽

3   PAHO, "Afro-descendants in Latin American countries live in starkly unequal conditions that impact health and well-being, PAHO study shows", https://www.paho.org/en/news/3-12-2021-afro-descendants-latin-american-countries-live-starkly-unequal-conditions-impact, 검색일 2022.06.29.

4   차경미, 《라틴아메리카 흑인 만들기》, 산지니, 2017, 25쪽

5   같은 책, 47쪽

6   UN IOM, 〈World Migration Report 2020〉, 2020

7   The World Bank, "Personal remittances, received(% of GDP) - Sub-Saharan Africa", https://data.worldbank.org/indicator/BX.TRF.PWKR.DT.GD.ZS?locations=ZG, 검색일 2023.03.27.

8   Narcisse Cha'ngom, 〈African countries and the brain drain: Winners or losers? Beyond remittances〉, African Economic Research Consortium, 2020, https://aercafrica.org/wp-content/uploads/2020/06/D8-NARCISSE_CHANGOM-WIP.pdf, 검색일 2023.03.27.

감사의 말

1   강남순, 《질문 빈곤 사회》, 행성B, 2021, 338쪽

2   같은 책, 같은 쪽

참고 문헌

책

- 구정은·장은교·남지원,《카페에서 읽는 세계사》, 인물과사상사, 2016
- 김만중,《검은 나폴레옹 샤카 줄루》, 거송미디어, 2007
- 나딘 고디머,《거짓의 날들》, 왕은철 옮김, 책세상, 2014
- 대런 애쓰모글루·제임스 A. 로빈슨,《국가는 왜 실패하는가》, 최완규 옮김, 시공사, 2012
- 라에네크 위르봉,《부두교》, 서용순 옮김, 시공사, 1997
- 박영순,《커피 인문학》, 인물과사상사, 2017
- 비라고 디오프,《아마두 쿰바의 옛이야기》, 선영아 외 6인 옮김, 지식의날개, 2021
- 산지브 산얄,《인도양에서 본 세계사》, 류형식 옮김, 소와당, 2019

- 아모스 투투올라, 《야자열매술꾼》, 장경렬 옮김, 열림원, 2002
- 알렉스 헤일리, 《뿌리》 1, 2, 안정효 옮김, 열린책들, 2009
- 야 지야시, 《밤불의 딸들》, 민승남 옮김, 열린책들, 2021
- 올라우다 에퀴아노, 《에퀴아노의 흥미로운 이야기》, 윤철희 옮김, 해례원, 2013
- 월레 소잉카, 《제로 형제의 시련》, 박정경 옮김, 지식을만드는지식, 2011
- 윤상욱, 《아프리카에는 아프리카가 없다》, 시공사, 2012
- 윤영준, 《아프리카, 미필적 고의에 의한 가난》, 지식과감성#, 2020
- 응구기 와 시옹오, 《십자가 위의 악마》, 정소영 옮김, 창비, 2016
- 이양일, 《팝레슨 121》, 북산, 2018
- 존 리더, 《아프리카 대륙의 일대기》, 남경태 옮김, 휴머니스트, 2013
- 프레더릭 더글러스, 《노예의 노래》, 안유회 옮김, 모티브, 2003
- 하워드 프렌치, 《아프리카, 중국의 두 번째 대륙》, 박홍경 옮김, 지식의날개, 2015
- W.E.B. 듀보이스, 《니그로》, 황혜성 옮김, 삼천리, 2013

논문
- Paul Tiyambe Zeleza, 「Rewriting the African Diaspora: Beyond the Black Atalantic」〈African Affairs〉, 2005

인터넷 자료
- 아프리카 개발은행, 〈아프리카 경제 전망 2020〉, https://www.afdb-org.kr/wp-content/uploads/2020/04/AEO-2020-Highlights-Korean.pdf, 검색일 2021.08.07.
- 박은아, 「아프리카 재생에너지 잠재력 높아 성장 및 확대 기대」, 〈에너지환

경신문〉, http://www.enenews.co.kr/news/articleView.html?idxno=1055, 검색일 2022.08.07.

- 한·아프리카 재단, 〈아프리카 스타트업 정보-아프리카가 뜬다!〉, https:// blog.naver.com/kafoundation/222320394046, 검색일 2022.08.07.

- Worldometer, "African population", https://www.worldometers.info/ world-population/africa-population, 검색일 2022.08.07.

- Wikipedia, "Wildlife of Madagaskar", https://en.wikipedia.org/wiki/ Wildlife_of_Madagascar, 검색일 2022.06.29.

- UNHCR, https://www.unhcr.or.kr/unhcr/html/001/001001001002.html, 검색일 2023.04.09.

- UNHCR, 〈Global Trends Forced Displacement in 2021〉

이 도서는 한국출판문화산업진흥원의 '2023년 우수출판콘텐츠 제작 지원 사업' 선정작입니다.

생각보다 가까운 아프리카
청소년에게 전하는 아프리카 이야기

초판 1쇄 발행	2023년 7월 12일
초판 2쇄 발행	2024년 1월 15일

지은이	이정화
펴낸곳	(주)행성비
펴낸이	임태주
편집총괄	이윤희
책임편집	김선아
디자인	페이지엔
출판등록번호	제2010-000208호
주소	경기도 김포시 김포한강10로133번길 107 710호
대표전화	031-8071-5913
팩스	0505-115-5917
이메일	hangseongb@naver.com
홈페이지	www.planetb.co.kr

ISBN 979-11-6471-238-0 (43930)

행성B는 독자 여러분의 참신한 기획 아이디어와 독창적인 원고를 기다리고 있습니다. hangseongb@naver.com으로 보내 주시면 소중하게 검토하겠습니다.